Estudos Aplicados de Direito Empresarial

Estudos Aplicados de Direito Empresarial

CONTRATOS

2019

Coordenação:

Maria Isabel Carvalho Sica Longhi

ALMEDINA

ESTUDOS APLICADOS DE DIREITO EMPRESARIAL
CONTRATOS

COORDENAÇÃO: Maria Isabel Carvalho Sica Longhi
DIAGRAMAÇÃO: Almedina
DESIGN DE CAPA: FBA
ISBN: 978-85-8493-500-0

Dados Internacionais de Catalogação na Publicação (CIP)
(Câmara Brasileira do Livro, SP, Brasil)

Estudos aplicados de direito empresarial :
contratos / coordenação Maria Isabel Carvalho
Sica Longhi. -- São Paulo : Almedina, 2019.
Vários autores.

Bibliografia.
ISBN 978-85-8493-500-0

1. Contratos - Brasil 2. Direito empresarial -
Brasil I. Longhi, Maria Isabel Carvalho Sica.

19-27358 CDU-347.74: 338(81)

Índices para catálogo sistemático:

1. Brasil : Contratos empresariais : Direito empresarial 347.74: 338(81)

Cibele Maria Dias - Bibliotecária - CRB-8/9427

Este livro segue as regras do novo Acordo Ortográfico da Língua Portuguesa (1990).

Junho, 2019

EDITORA: Almedina Brasil
Rua José Maria Lisboa, 860, Conj.131 e 132, Jardim Paulista | 01423-001 São Paulo | Brasil
editora@almedina.com.br
www.almedina.com.br

APRESENTAÇÃO

Quando fui convidada a dar aulas no Insper e a orientar os alunos em seus artigos e trabalhos de conclusão de curso tomei a tarefa como um grande desafio. Tinha uma filha que acabara de nascer, estava retornando de licença maternidade e terminando a construção de uma casa. Mas, considerando a grandeza do Insper e a belíssima história que o Direito tem escrito nessa universidade, não quis deixar a oportunidade passar. Hoje vejo que a minha escolha não poderia ter sido mais correta. Não só porque o resultado é essa excelente coleção de trabalhos escritos pelos alunos, algo que em muito contribui para os demais operadores do direito e também para o desenvolvimento pessoal dos alunos que os escreveram, mas, também, porque durante todo esse período pude aprender e me desenvolver juntamente com os alunos.

Nesse contexto, este livro é o trabalho de alunos que se dedicaram e se esforçaram ao máximo no LL.M de contratos gerando assim um benefício para toda a sociedade com sua visão prática e atual do direito. E, é isso que se espera de uma pós-graduação, um retorno não apenas ao aluno, que sem dúvida o merece, mas ao país em si, que melhora com mais trabalhos acadêmicos e mais qualidade dos seus estudantes e profissionais, especialmente no campo do Direito.

Tenho certeza, portanto, que todo o esforço das pessoas envolvidas nesse trabalho não foi em vão e temos em nossa frente autores que serão futuros docentes e/ou grandes operadores do direito.

Caroline Alves Henrique Bender Rodrigues, Filipe Alvarenga Maroni e Léa Cristina Kocska discorrem sobre a execução dos contratos e suas respectivas garantias, assunto da mais alta relevância e interesse aos empresários que dependem das garantias para a operação dos seus negócios no dia a dia. Livya Knoll trata da cláusula limitadora da indenização nos contratos empresariais, discussão de extrema relevância, principalmente para aqueles que contratam com empresas estrangeiras, de modo que possam avaliar seus riscos. Rámilton Henrique Sawaya Sacamoto descreve, com excelência, os negócios jurídicos executados pelo condomínio, controvérsia que há anos desafia os nossos tribunais e os operadores do direito.

Parabéns aos alunos e ao Insper pela incrível iniciativa.

MARIA ISABEL CARVALHO SICA LONGHI
Graduada em Direito pela Pontifícia Universidade Católica de São Paulo e especialização em Direito dos Contratos pelo Centro de Extensão Universitária. Mestre em Direito Civil pela Universidade de São Paulo. Professora orientadora do Insper Direito no programa LL.M. em Direito dos Contratos. Advogada da área empresarial no Google.

PREFÁCIO

CONSTRUÇÃO E LEGADO

Acima de tudo sê fiel a ti mesmo,
Disso se segue, como a noite ao dia,
Que não podes ser falso com ninguém.
Shakespeare, *in* Hamlet

Nesse ano de 2019, em que o Insper Direito completa 20 anos de história por meio da construção de uma escola focada no desenvolvimento profissional para uma atuação estratégica dos milhares de profissionais que nos deram a honra de compartilhar ensinamentos e experiências, construímos um verdadeiro legado, aqui representado pela presente coleção "Estudos Aplicados de Direito Empresarial", a qual tive a honra de ser um dos idealizadores e coordenador do volume de contratos por mais de três anos. Tenho a honrosa missão e responsabilidade de prefaciar essa 4ª edição, especialmente no ano em que igualmente deixo a coordenação do Insper Direito, encerrando com chave de ouro um ciclo iniciado pelo Prof. Dr. Jairo Saddi, seguido pelo Prof. Dr. André Antunes Soares de Camargo e concluído por mim.

Minha primeira atuação no Insper foi fruto da recomendação do Prof. Dr. Daniel M. Boulos, aquém sou profundamente grato por inúmeros ensinamentos, oportunidades profissionais e acadêmicas e um grande amigo. Confirmada a minha seleção pelos demais colegas, professores conselheiros e pelo então coordenador geral dos programas de direito, o Prof. André Camargo, iniciei, ainda em 2012, minha trajetória no Insper Direito com a missão de colaborar na reestruturação de todo o processo de elaboração das monografias de conclusão de curso, o qual passou a permitir a elaboração de qualificados artigos científicos.

Realizamos a missão com muita presteza, tendo eu sido o único da equipe original de professores orientadores a permanecer durante todo o processo de reversão de uma estatística que era originalmente baixa. Após cinco anos como professor orientador, conseguimos reverter o quadro e alcançar expressivos e postivos resultados.

Ao longo do processo de reestruturação dos trabalhos de conclusão de curso, já mantínhamos uma parceria com a Editora Almedina Brasil para a publicação das melhores monografias aprovadas em qualificada banca de professores. Ainda não tínhamos uma coleção para focar nos artigos científicos elaborados por nossos alunos e selecionados pelos professores orientadores.

Foi nesse momento que idealizamos em equipe, professores orientadores, professores conselheiros e coordenação, a estrutura da presente coleção "Estudos Aplicados de Direito Empresarial" a qual busca trazer ao público os cinco melhores artigos científicos de cada programa do Insper Direito.

A coleção foi originalmente pensada para ocorrer em uma única edição por ano, sempre próximo ao encerramento do ano letivo. Com a expansão dos programas do pós-graduação em direito e crescente aumento dos alunos que apresentavam o seu TCC, fruto da reestruturação de todo o processo de elaboração do TCC, logo percebemos que seria necessário avançar, sendo essa 4ª edição da coleção Estudo Aplicados de Direito Empresarial, o resultado de tal avanço. Projetamos o lançamento de duas edições por ano, porém, sem ficar presos a obrigação do seu lançamento, mas sim, fieis à qualidade que sempre pautou nossas atividades, mantendo a estrutura de cinco artigos de alta qualidade e relevância, prioritariamente de nossos alunos dos programas do pós-graduação e selecionados pelos professores orientadores que coordenam cada um dos volumes.

O leitor terá a oportunidade de conferir as mais diversas abordagens para temas novos, ou com novas leituras de questões já existentes, sempre fiel a qualidade e rigor científico para o enfrentamento de questões concretas e complexas. Buscamos não ficar presos às questões puramente acadêmicas e sem grande aplicação prática. Como uma escola de negócios, os textos que aqui apresentamos trazem luz para as mais variadas dificuldades do dia-a-dia do jurídico empresarial estratégico.

Tenho a honra de encerrar esse ciclo de 20 anos, deixando um verdadeiro legado que foi construído por todos que estiveram na posição de coordenação, conselheiros, professores, alunos, apoio acadêmico e toda a equipe do Insper que construiu esse belo projeto ao longo de duas décadas.

A coleção Estudo Aplicados de Direito Empresarial, em apenas três anos já trouxe ao público 75 artigos altamente qualificados de nossos alunos e cada um dos volumes desta 4ª edição apresenta mais cinco novos artigos, de forma que estamos muito próximos a suplantar a marca de 100 qualificados artigos elaborados por nosso corpo discente, marca realmente expressiva para uma publicação tão jovem no cenário jurídico nacional.

Deixo aqui o meu muito obrigado à todas e todos que colaboraram, de alguma forma, durante essa caminhada e construção de um legado para as novas e futuras gerações que doravante passam a conduzir os trabalhos, desejo sorte e muito mais repetições desse sucesso, fruto de muito trabalho e dedicação de todos os envolvidos até o momento.

Parabéns aos colegas que têm a honra de participar dessa 4ª edição histórica, celebrando os 20 anos do Insper Direito e o sucesso de um projeto plural, competente e de muita dedicação e empenho, vamos em frente.

Boa leitura a todos!

Prof. Dr. Rodrigo Fernandes Rebouças

SUMÁRIO

Aspectos Relevantes do Instrumento para Constituição de Garantia de Cessão Fiduciária de Título de Crédito

Caroline Alves Henrique Bender Rodrigues

1. Introdução

Mútuos bancários é uma ferramenta muito utilizada por empresas a fim de controlar o seu fluxo de caixa. Para realizá-los é necessária garantia. Uma forma eficaz tanto para empresas como para instituições financeiras é a cessão fiduciária de títulos de crédito ou, como comumente é conhecida, cessão de recebíveis.

Por meios desta forma de garantia estabelece-se uma trava bancária, na qual a instituição financeira detém os títulos que compõem a garantia, na posição de seu proprietário fiduciário, somente liberando-os após o adimplemento das obrigações da empresa que recebeu o mútuo.

Muitas questões jurídicas necessárias para o mecanismo dessa forma de garantia já foram ou estão sendo analisadas pelas Cortes Superiores. Este artigo pretende discutir juridicamente o modo como é formada a garantia.

1.1. Contextualização

Durante períodos de crise financeira, como a que o Brasil enfrenta desde 2015, com significativos setores da economia atingidos por queda de vendas, juros e inflação altos, aumento do desemprego e consequente queda no consumo, diversas empresas encontram dificuldades para manter uma boa saúde financeira.

Nessa situação, geralmente, o primeiro indicador financeiro a ser afetado é o fluxo de caixa. Isso porque, o aumento da inadimplência, juros altos e a dificuldade de acesso a linhas crédito interferem negativamente nas obrigações diárias das empresas.

A fim de encontrar uma solução para o desaparelhamento do fluxo de caixa uma ferramenta utilizada é a contratação de mútuos, negocialmente conhecidos como capital de giro. Esse suporte financeiro visa, justamente, dar fôlego às empresas para que consigam ajustar o fluxo, mesmo com as adversidades oriundas de um cenário econômico desgastado.

De acordo com material de divulgação desta linha de crédito pelo Banco Itaú Unibanco S.A. o empréstimo de capital de giro *"é uma opção de empréstimo com pagamento parcelado, ideal para suprir as necessidades de caixa da sua empresa, que recebe o valor contratado de uma só vez e paga em parcelas, conforme o plano de pagamento escolhido."*[1]

Diante dessa definição, é possível verificar as vantagens dessa modalidade de empréstimo. O dinheiro é entregue à vista e a empresa adequa o pagamento das prestações ao seu fluxo de caixa. Trata-se de um contrato de mútuo[2], sendo o mutuário

[1] Disponível em: https://www.itau.com.br/empresas/creditos-financiamentos/curto-prazo/capital-giro/

[2] Tradicionalmente, diz-se que são dois os contratos de empréstimo, segundo a natureza do bem emprestado: comodato e mútuo. No primeiro, empresta-se bem infungível (diz-se que é empréstimo de uso); no segundo, bem fungível (empréstimo de consumo). Nos dois casos, o titular da coisa não tem a intenção de transferi-la em definitivo ao outro contratante, nem este pode pretender tal transferência. Ao contrário, para ser comodato ou mútuo, o objeto do contrato

a empresa que recebe o dinheiro e o mutuante, a instituição financeira.

Neste artigo, serão consideradas instituições financeiras a pessoa jurídica de direito público ou privado, que tenha como atividade principal ou acessória a captação, intermediação ou aplicação de recursos financeiros de terceiros, em moeda nacional ou estrangeira, ou a custódia, emissão, distribuição, negociação, intermediação ou administração de valores mobiliários, nos termos do artigo 1º da Lei nº 7.492 de 1986[3].

Ocorre que, em um cenário de crise, um dos grandes empecilhos encontrados para a contratação do capital de giro são as garantias exigidas pelas instituições financeiras. Garantias reais, como imóveis, ou pessoais, como aval dos sócios, são aceitas, porém com ressalvas, tendo em vista possuírem baixa liquidez e, portanto, serem mais demoradas para realizarem-se em dinheiro em futuras execuções. Para aceitar tais garantias as instituições financeiras consideram um custo mais elevado para o mútuo. Assim, os juros fixados aumentam.

Em vista disso, grande parte das instituições financeiras firmam com os clientes um instrumento contratual acessório,

deve ser restituído após certo tempo, ao seu anterior titular. A temporalidade do direito de usar ou consumir a coisa objeto de contrato é inerente ao empréstimo". Coelho, Fábio Ulhoa. Curso de Direito Civil: Contratos. 7ª Edição. Saraiva, 2005, Página 281.

[3] Art. 1º Considera-se instituição financeira, para efeito desta lei, a pessoa jurídica de direito público ou privado, que tenha como atividade principal ou acessória, cumulativamente ou não, a captação, intermediação ou aplicação de recursos financeiros de terceiros, em moeda nacional ou estrangeira, ou a custódia, emissão, distribuição, negociação, intermediação ou administração de valores mobiliários.

Parágrafo único. Equipara-se à instituição financeira:

I – a pessoa jurídica que capte ou administre seguros, câmbio, consórcio, capitalização ou qualquer tipo de poupança, ou recursos de terceiros;

II – a pessoa natural que exerça quaisquer das atividades referidas neste artigo, ainda que de forma eventual.

aqui denominado Instrumento Cessão Fiduciária de Títulos de Cobrança, com base no artigo 66-B da Lei nº 4.728/65[4] ("Lei de Mercado de Capitais").

Alterada pela Lei n. 10.931/2004, a redação deste artigo tornou possível no Brasil a cessão fiduciária de títulos de crédito, ou seja, possibilitou a cessão fiduciária de direitos em um cenário onde só se permitia a alienação fiduciária sobre bens imóveis.

[4] Lei nº 4.728/65, Art. 66-B. O contrato de alienação fiduciária celebrado no âmbito do mercado financeiro e de capitais, bem como em garantia de créditos fiscais e previdenciários, deverá conter, além dos requisitos definidos nº Lei nº 10.406, de 10 de janeiro de 2002 – Código Civil, a taxa de juros, a cláusula penal, o índice de atualização monetária, se houver, e as demais comissões e encargos.
§ 1º Se a coisa objeto de propriedade fiduciária não se identifica por números, marcas e sinais no contrato de alienação fiduciária, cabe ao proprietário fiduciário o ônus da prova, contra terceiros, da identificação dos bens do seu domínio que se encontram em poder do devedor
§ 2º O devedor que alienar, ou der em garantia a terceiros, coisa que já alienara fiduciariamente em garantia, ficará sujeito à pena prevista no art. 171, § 2º, I, do Código Penal.
§ 3º É admitida a alienação fiduciária de coisa fungível e a cessão fiduciária de direitos sobre coisas móveis, bem como de títulos de crédito, hipóteses em que, salvo disposição em contrário, a posse direta e indireta do bem objeto da propriedade fiduciária ou do título representativo do direito ou do crédito é atribuída ao credor, que, em caso de inadimplemento ou mora da obrigação garantida, poderá vender a terceiros o bem objeto da propriedade fiduciária independente de leilão, hasta pública ou qualquer outra medida judicial ou extrajudicial, devendo aplicar o preço da venda no pagamento do seu crédito e das despesas decorrentes da realização da garantia, entregando ao devedor o saldo, se houver, acompanhado do demonstrativo da operação realizada
§ 4º No tocante à cessão fiduciária de direitos sobre coisas móveis ou sobre títulos de crédito aplica-se, também, o disposto nos arts. 18 a 20 da Lei nº 9.514, de 20 de novembro de 1997.
§ 5º Aplicam-se à alienação fiduciária e à cessão fiduciária de que trata esta Lei os arts. 1.421, 1.425, 1.426, 1.435 e 1.436 da Lei nº 10.406, de 10 de janeiro de 2002.
§ 6º Não se aplica à alienação fiduciária e à cessão fiduciária de que trata esta Lei o disposto no art. 644 da Lei nº 10.406, de 10 de janeiro de 2002.

Essa mudança legislativa viabilizou que o ordenamento jurídico aceitasse a alienação fiduciária de coisas fungíveis e a cessão fiduciária de direitos sobre coisas móveis, tais como os títulos de cobrança que serão abordados nesse artigo[5].

O principal benefício desta modalidade de garantia encontra-se no fato de ela não se sujeitar à Lei nº 11.105/2005, também conhecida como Lei de Falências e Recuperação Judicial de Empresas, conforme determina o artigo 49, § 3º[6] da referida Lei. A extraconcursalidade desta garantia será adiante abordada com maior profundidade.

Outro benefício dessa modalidade de garantia prevista no âmbito da Lei de Mercado de Capitais, encontra-se no fato de possuir um rito para execução muito mais célere que o previsto pelo Código Civil ("CC") para casos de alienações fiduciárias comuns[7].

[5] "A alienação fiduciária tinha como objetivo inicialmente apenas coisas corpóreas. Posteriormente, estendeu-se o regime para direitos, assim como para coisas fungíveis, pelo acréscimo de artigo 66-A à Lei nº 4.728/65, por força da Medida Provisória nº 2.065-22, de 22 de junho de 2001. A Lei nº 10.931/04 manteve o regime mais liberal, mencionando serem passiveis de alienação fiduciária coisas fungíveis, sendo admitida a cessão fiduciária de direitos sobre coisas móveis e de títulos de crédito (§3º do artigo 66-B da Lei nº 4.728/65).". NETO, Eduardo Salomão. *Direito Bancário*. 2ª Edição. São Paulo: Atlas, 2014.Página 445.

[6] Art. 49. Estão sujeitos à recuperação judicial todos os créditos existentes na data do pedido, ainda que não vencidos.

§ 3º Tratando-se de credor titular da posição de proprietário fiduciário de bens móveis ou imóveis, de arrendador mercantil, de proprietário ou promitente vendedor de imóvel cujos respectivos contratos contenham cláusula de irrevogabilidade ou irretratabilidade, inclusive em incorporações imobiliárias, ou de proprietário em contrato de venda com reserva de domínio, seu crédito não se submeterá aos efeitos da recuperação judicial e prevalecerão os direitos de propriedade sobre a coisa e as condições contratuais, observada a legislação respectiva, não se permitindo, contudo, durante o prazo de suspensão a que se refere o § 4º do art. 6º desta Lei, a venda ou a retirada do estabelecimento do devedor dos bens de capital essenciais a sua atividade empresarial.

[7] NETO, Eduardo Salomão. *Direito Bancário*. 2ª Edição. São Paulo: Atlas, 2014, Página 444

Por essa modalidade de garantia, o mutuário (empresa que contratou o mútuo via capital de giro) deve manter em uma conta vinculada (trava bancária[8]) uma cartela de cobrança, em geral representada por boletos bancários, em um percentual sobre o valor do contrato de capital de giro. Tais boletos mantidos na conta vinculada são cedidos fiduciariamente à instituição financeira e permanecem em tal conta até o seu vencimento, quando novos boletos deverão ser inseridos até que a garantia esteja completa.

Na prática, enquanto a garantia não estiver completa, em virtude do vencimento de um ou mais títulos de cobrança, os recebimentos dos títulos vencidos ficam bloqueados na conta vinculada à garantia, sem que a empresa consiga utilizá-lo, pois, como se trata de uma cessão fiduciária, a titularidade do crédito é da instituição financeira.

Sobre essa modalidade de garantia, alguns pontos geraram e ainda geram embates entre empresas e instituições financeiras e a discussão alcançou os Tribunais de Justiça e o Superior Tribunal de Justiça ("STJ")[9]. Atualmente, o principal ponto de

[8] "Veja-se, pois, que, por meio da cessão fiduciária de direitos sobre coisas móveis ou de títulos de crédito (em que se transfere a propriedade resolúvel do direito creditício, representado, no último caso, pelo título – bem móvel incorpóreo e fungível, por natureza), o devedor fiduciante, a partir da contratação, cede "seus recebíveis" à instituição financeira (credor fiduciário), como garantia ao mútuo bancário, que, inclusive, poderá apoderar-se diretamente do crédito constante em conta vinculada ("trava bancária") ou receber o correlato pagamento diretamente do terceiro (devedor do devedor fiduciante)." (Recurso Especial nº 1412529/SP, Terceira Turma do Superior Tribunal de Justiça, Ministro Relator Paulo De Tarso Sanseverino, Rel. p/ Acórdão Ministro Marco Aurélio Bellizze, Terceira Turma, julgado em 17/12/2015, DJe 02/03/2016)

[9] Convém ressaltar que, ainda que se afastasse a aplicação da Súmula 7/STJ, tem-se que, ao menos aparentemente, o recurso do requerente não guarda notória plausibilidade, tendo em vista a coerência da fundamentação apresentada pelo TJ/SP e, ainda, o disposto no art. 1.362, IV, do CC/02, que prevê que o contrato, que serve de título à propriedade fiduciária, conterá a descrição da coisa objeto

controversas encontra-se na não individualização dos títulos utilizados para compor a garantia.

Nesse sentido, pelo mecanismo da operação proposto pelas instituições financeiras às empresas, não é possível individualizar os títulos de crédito que serão utilizados na cessão fiduciária. Isso porque, os títulos de cobrança são garantias rotativas, com a possibilidade de vencerem antes do vencimento da dívida garantida, ocasião em que serão substituídos por novos, até o completo adimplemento da obrigação pela empresa.

Por essa lógica, não é possível que no momento da contratação da garantia seja descrita a coisa objeto da transferência com todos os elementos indispensáveis à sua identificação.

Essa interpretação poderá gerar uma profunda alteração no formato das garantias fornecidas em mútuos bancários e impactará a relação entre as instituições financeiras e as empresas.

Vale ressaltar que em contratos de cessão fiduciária de recebíveis as instituições financeiras possuem a discricionariedade de selecionar os recebíveis que poderão ou não compor a garantia ao longo do tempo. Fazem isso a partir de uma análise do crédito e do devedor cujo crédito será cedido. Essa seleção somente ocorre no momento que o crédito passar a existir, ou seja, após a constituição formal da cessão fiduciária.

Nota-se que a discricionariedade da instituição financeira é inserida no contrato de cessão fiduciária, o qual deve ser aderido pela empresa, caso queira ter acesso à linha de crédito disponibilizada. A discricionariedade das instituições financeiras, possível em virtude da propriedade fiduciária dos títulos, deverá ser compatibilizada com a impetração da nova jurisprudência sobre o tema.

da transferência, com os elementos indispensáveis à sua identificação. (Agravo Interno no Pedido De Tutela Provisória Nº 434/SP, Terceira Turma do Superior Tribunal de Justiça, Ministra Relatora Nancy Andrighi, Relator para Acórdão Ministro Marco Aurélio Bellizze, Julgado em 12/09/2017, Dje 05/10/2017)

A forma como a cessão fiduciária permanecerá operando será abordada ao longo deste artigo.

2. Breves Considerações sobre Mútuo Bancário e Garantias Bancárias

2.1. Mútuo Bancário

Nos termos do artigo 586[10] do CC, o mútuo é o contrato pelo qual um dos contratantes (mutuante) transfere a propriedade de um bem fungível ao outro (mutuário), o qual se obriga a restituir ao primeiro coisa do mesmo gênero, qualidade e quantidade.

Trata-se de empréstimo de coisa fungível, ou seja, é possível o seu consumo. Nos ensinamentos de MARIA HELENA DINIZ o mútuo "*possibilita a transferência ao mutuário com a simples tradição. Logo, o mutuário poderá usá-lo como quiser. Poderá consumi-lo, abandoná-lo, aliená-lo, dá-lo em submútuo, sem autorização do mutuante, etc.*"[11]

No caso do mútuo abrangido por esse artigo fica clara a possibilidade de total disposição do objeto mutuado ao mutuário. A empresa que contrata o capital de giro poderá utilizar o dinheiro onde e como lhe convir, não competindo à instituição financeira qualquer gerência acerca da forma de utilização.

A fungibilidade do dinheiro emprestado garante que a empresa o consuma e devolva o mesmo valor à instituição financeira em momento posterior, acrescido de juros e demais taxas eventualmente previstas em contrato. Nesse sentido, vale ressaltar que o mútuo aqui tratado é da espécie onerosa, ou seja, será remunerado através dos juros pactuados.

[10] Art. 586 do CC. O mútuo é o empréstimo de coisas fungíveis. O mutuário é obrigado a restituir ao mutuante o que dele recebeu em coisa do mesmo gênero, qualidade e quantidade.

[11] DINIZ, Maria Helena. *Curso de Direito Civil Brasileiro, Volume 3: Teoria das Obrigações Contratuais e Extracontratuais*, 25ª Edição reformulada – São Paulo, Saraiva, 2009, página 340

2.2. Garantias Bancárias

O mútuo bancário é o contrato principal analisado neste artigo. A fim de possibilitar o mútuo, a instituição financeira exige da empresa uma garantia. A garantia pode ser real ou pessoal e a sua forma está prevista em lei. O instrumento que constitui a garantia é um contrato acessório ao contrato de mútuo.

Os contratos acessórios são aqueles cuja existência supõe a existência de um contrato principal. Assim, a nulidade da obrigação principal, acarretará a nulidade das obrigações acessórias e, da mesma forma, a prescrição da obrigação principal leva â prescrição da obrigação acessória.

Destaca-se, contudo, que o inverso não é verdadeiro. A nulidade ou prescrição da obrigação acessória não acarreta a nulidade ou prescrição da obrigação principal. Dessa forma, o contrato de mútuo não se torna nulo, anulável ou ineficaz se algo afetar a obrigação acessória, no caso, a cessão fiduciária dos títulos de crédito.

A cessão fiduciária dos títulos de crédito é um contrato acessório ao contrato de mútuo. Trata-se de uma garantia. De acordo com Eduardo Salomão *"o termo garantia tem como significado conferir certeza, segurança. Em sentido jurídico, é qualquer forma de segurança conferida a determinado titular de direito subjetivo, em relação a tal direito. As garantias são, assim, aqueles mecanismos que buscam assegurar a efetivação, sem prejuízo para o credor, do direito que lhe aproveita.* [12]*"*

As garantias para relações bancárias são exigidas pelo Conselho Monetário Nacional (CMN) no âmbito regulatório[13], em específico nas relações em que a instituição financeira é mutuante.

[12] Neto, Eduardo Salomão. *Direito Bancário*. 2ª Edição. São Paulo: Atlas, 2014, Página 426

[13] Item IX da Resolução nº 1.559, de 22 de dezembro de 1988, do Conselho Monetário Nacional, com redação dada pela Resolução nº 3.258, de 28 de janeiro de 2005):

Legalmente, as instituições financeiras também são compelidas a exigir garantias de seus contratos de empréstimo. Se não o fizerem essa omissão poderá ser considerada crime contra o Sistema Financeiro Nacional, por se tratar de uma gestão financeira temerária, nos termos do artigo 4º, da Lei 7.492/1987[14].

A penalidade prevista pela gestão temerária de instituições financeira é de 2 (dois) a 8 (oito) anos de reclusão, além de multa. Veja-se que se trata de uma obrigação de extrema importância, da qual as instituições financeiras não podem abrir mão, uma vez que está em risco toda a coletividade de clientes da instituição financeira.

Se, por exemplo, a instituição financeira não exige garantia em diversos contratos de mútuo, em benefícios de determinados clientes que os contratam, e estes deixam de honrar suas obrigações, os demais clientes serão extremamente prejudicados, quer pelo aumento de taxas de juros ou até mesmo pela falência desta instituição financeira.

Portanto, as garantias bancárias são importantes para a confiabilidade de toda a operação de uma instituição financeira e para a segurança do sistema financeiro em geral, e não somente para a relação específica entre mutuante e mutuário.

IX – É vedado às instituições financeiras: a) realizar operações que não atendam aos princípios de seletividade, garantia, liquidez e diversificação de riscos; b) renovar empréstimos com a incorporação de juros e encargos de transação anterior, ressalvados os casos de composição de créditos de difícil ou duvidosa liquidação; c) admitir saques além dos limites em contas de empréstimos ou a descoberto em contas de depósitos; d) realizar operações com clientes que possuam restrições cadastrais ou sem ficha cadastral atualizada; e) realizar operações com clientes emitentes de cheques sem a necessária provisão de fundos; e f) conceder crédito ou adiantamento sem a constituição de um título de crédito adequado, representativo da dívida.

[14] Art. 4º Gerir fraudulentamente instituição financeira:
Pena – Reclusão, de 3 (três) a 12 (doze) anos, e multa.
Parágrafo único. Se a gestão é temerária:
Pena – Reclusão, de 2 (dois) a 8 (oito) anos, e multa.

As garantias bancárias não apresentam uma característica especial em relação às garantias não bancárias[15]. Podem ser dadas em garantia bancária as garantias pessoais (fiança ou aval) ou reais (penhor, hipoteca, anticrese, alienação fiduciária e propriedade fiduciária).

A distinção entre alienação fiduciária e propriedade fiduciária, acima, se deve ao fato de a alienação fiduciária em garantia ter sido introduzida no ordenamento pela Lei n. 10.931/2004. Por essa Lei, que incluiu o artigo 66-B na Lei de Mercado de Capitais, a alienação fiduciária somente poderia ser considerada como garantia quando credores fossem instituições financeiras[16].

No entanto, com o advento do CC de 2002, a propriedade fiduciária passou a ser considerada como garantia, qualquer que fosse o credor.

A diferença entre a garantia chamada de alienação fiduciárias (Lei de Mercado de Capitais) e a propriedade fiduciária (CC) refere-se à sua executividade.

A primeira possui um rito mais célere previsto no Decreto-lei nº 911/69 que prevê que "*cinco dias após executada a busca e apreensão do bem, ocorra a consolidação da propriedade e da posse plena e exclusiva do bem no patrimônio do credor fiduciário. Desse modo, o credor pode rapidamente alienar o bem, caso não ocorra o pagamento por parte do devedor. Da sentença cabe apelação apenas no efeito devolutivo (artigo 3º, § 5º do Decreto-lei 911/69). Para salvaguarda dos direitos do devedor, se eventualmente for decretada por sentença a improcedência da ação de busca e apreensão, quando o bem já houver sido alienado, o juiz condenará o credor ao pagamento de multa, em favor do devedor,*

15 NETO, Eduardo Salomão. Direito Bancário. 2ª Edição. São Paulo: Atlas, 2014, pág 427

16 ALVES, José Carlos Moreira. Da alienação fiduciária em Garantia, ed 3, Rio de Janeiro, Forense, 1987, p. 106 a 121

equivalente a cinquenta por cento do valor originalmente financiado, sem que isso exclua a responsabilidade por perdas e danos".[17]

Já a propriedade fiduciária prevista no CC está sujeita ao processo de execução previsto no Título II do Código de Processo Civil ("CPC") de 2015. A título exemplificativo, para a mera propositura da ação de execução regida pelo CPC, a instituição financeira deve apresentar o título executivo extrajudicial, o demonstrativo do débito atualizado, a prova de que adimpliu a contraprestação que lhe corresponde ou que lhe assegura o cumprimento[18], além disso, cabe à instituição financeira cumprir com todas as previsões do artigo 799[19] do CPC, e cumprir

[17] NETO, Eduardo Salomão. Direito Bancário. 2ª Edição. São Paulo: Atlas, 2014, pág 444

[18] Art. 798 do CPC: Ao propor a execução, incumbe ao exequente:
I – instruir a petição inicial com:
a) o título executivo extrajudicial;
b) o demonstrativo do débito atualizado até a data de propositura da ação, quando se tratar de execução por quantia certa;
c) a prova de que se verificou a condição ou ocorreu o termo, se for o caso;
d) a prova, se for o caso, de que adimpliu a contraprestação que lhe corresponde ou que lhe assegura o cumprimento, se o executado não for obrigado a satisfazer a sua prestação senão mediante a contraprestação do exequente;
II – indicar:
a) a espécie de execução de sua preferência, quando por mais de um modo puder ser realizada;
b) os nomes completos do exequente e do executado e seus números de inscrição no Cadastro de Pessoas Físicas ou no Cadastro Nacional da Pessoa Jurídica;
c) os bens suscetíveis de penhora, sempre que possível.

[19] Art. 799 do CPC: Incumbe ainda ao exequente:
I – requerer a intimação do credor pignoratício, hipotecário, anticrético ou fiduciário, quando a penhora recair sobre bens gravados por penhor, hipoteca, anticrese ou alienação fiduciária;
II – requerer a intimação do titular de usufruto, uso ou habitação, quando a penhora recair sobre bem gravado por usufruto, uso ou habitação;
III – requerer a intimação do promitente comprador, quando a penhora recair sobre bem em relação ao qual haja promessa de compra e venda registrada;

ao trâmite do processo de execução e de eventuais eventual embargos à execução, conforme artigo 914[20] do mesmo diploma.

Observa-se, portanto, que a alienação fiduciária a ser tratada neste artigo é um instrumento de garantia mais eficaz que a própria propriedade fiduciária, conferindo às instituições financeiras uma maior celeridade e confiabilidade para que as obrigações dos devedores sejam cumpridas.

IV – requerer a intimação do promitente vendedor, quando a penhora recair sobre direito aquisitivo derivado de promessa de compra e venda registrada;
V – requerer a intimação do superficiário, enfiteuta ou concessionário, em caso de direito de superfície, enfiteuse, concessão de uso especial para fins de moradia ou concessão de direito real de uso, quando a penhora recair sobre imóvel submetido ao regime do direito de superfície, enfiteuse ou concessão;
VI – requerer a intimação do proprietário de terreno com regime de direito de superfície, enfiteuse, concessão de uso especial para fins de moradia ou concessão de direito real de uso, quando a penhora recair sobre direitos do superficiário, do enfiteuta ou do concessionário;
VII – requerer a intimação da sociedade, no caso de penhora de quota social ou de ação de sociedade anônima fechada, para o fim previsto no art. 876, § 7o;
VIII – pleitear, se for o caso, medidas urgentes;
IX – proceder à averbação em registro público do ato de propositura da execução e dos atos de constrição realizados, para conhecimento de terceiros.
X – requerer a intimação do titular da construção-base, bem como, se for o caso, do titular de lajes anteriores, quando a penhora recair sobre o direito real de laje
XI – requerer a intimação do titular das lajes, quando a penhora recair sobre a construção-base.

[20] Art. 914 do CPC: O executado, independentemente de penhora, depósito ou caução, poderá se opor à execução por meio de embargos.
§ 1º Os embargos à execução serão distribuídos por dependência, autuados em apartado e instruídos com cópias das peças processuais relevantes, que poderão ser declaradas autênticas pelo próprio advogado, sob sua responsabilidade pessoal.

3. Cessão Fiduciária de Direitos Creditórios

3.1. Conceito de Cessão de Crédito

De acordo com o artigo 286 do CC[21], não sendo contrário a lei ou ao contrato com o devedor, o credor pode ceder o seu crédito a um terceiro. Na cessão de crédito existem dois momentos. O primeiro no qual existe um crédito, um devedor (originário) e um credor (originário).

No segundo momento, após a cessão do crédito a um terceiro o credor originário passa a ser o credor cedido e o terceiro o credor cedente ao qual o débito deverá ser quitado.

Conforme ensinamentos de Pontes de Miranda *"a cessão de crédito transmite o crédito mesmo, e não só o seu exercício. A cessão ou se opera em virtude de negócio jurídico, ou por lei, ou por decisão judicial. Em qualquer das três espécies, o cessionário passa a ser titular do crédito cedido, em vez do cedente"*.[22]

No caso abordado nesse artigo, isso significa que os títulos mantidos na conta vinculada – nos quais a empresa é a credora originária e seus clientes são os devedores -- deixam de pertencer a credora cedente (empresa), já que a credora cedida (instituição financeira) o recebe como próprio[23].

Uma das características comuns à cessão de crédito presente nos contratos de cessão fiduciária de crédito, a fim de se manter uma garantia forte e líquida em tempos de crise, é a obrigação prevista no artigo 295 do CC que dispõe que o credor cedido

[21] Art. 286 do CC: O credor pode ceder o seu crédito, se a isso não se opuser a natureza da obrigação, a lei, ou a convenção com o devedor; a cláusula proibitiva da cessão não poderá ser oposta ao cessionário de boa-fé, se não constar do instrumento da obrigação.

[22] Miranda, Pontes. Tratado de Direito Privado, t. XXIII, atualizado por Nelson Nery Jr. E Rosa Maria de Andrade Nery, ed. RT, p. 347.

[23] Neto, Eduardo Salomão. *Direito Bancário.* 2ª Edição. São Paulo: Atlas, 2014, Página 443

deverá garantir o cumprimento do contrato base se houver no instrumento de cessão previsão expressa para tanto[24].

Essa previsão comum aos contratos de garantia, garantem à instituição financeira que mesmo que o devedor não honre com o pagamento, o credor cedido (empresa) deverá quitar o débito. Quando uma situação desta ocorre, o mecanismo da trava bancária atua no sentindo de bloquear valores da empresa até o limite para a satisfação da garantia.

Neste contexto, o artigo 290[25] do CC perde a sua aplicação para esses casos, uma vez que nele é expresso que a cessão de crédito não tem eficácia em relação ao devedor se ele não tiver sido dela notificado. Verifica-se que tal exigência é necessária para que o devedor saiba a quem deve ser efetuado o pagamento, no entanto, para a relação ora analisada, o credor terá sua garantia satisfeita quer pelo devedor quer pelo cedente.

Neste artigo, por se estar diante de uma garantia constituída através de uma cessão, ou seja, uma obrigação acessória e não principal, as instituições financeiras não se importam com quem honrará o pagamento e, sendo o devedor alheio à relação entre empresa e instituição financeira, se este não pagar, o credor cedido saberá que receberá do credor cedente, uma vez que possui ferramentas para a rápida liquidação do mútuo.

É por essa razão, inclusive, que existem julgados[26] cujo entendimento é de que não é necessário o registro em cartó-

[24] Art. 295 do CC: Na cessão por título oneroso, o cedente, ainda que não se responsabilize, fica responsável ao cessionário pela existência do crédito ao tempo em que lhe cedeu; a mesma responsabilidade lhe cabe nas cessões por título gratuito, se tiver procedido de má-fé

[25] Art. 290 do CC: A cessão do crédito não tem eficácia em relação ao devedor, senão quando a este notificada; mas por notificado se tem o devedor que, em escrito público ou particular, se declarou ciente da cessão feita.

[26] Recuperação judicial. Contrato de abertura de crédito garantido por cessão fiduciária de títulos de crédito. Entendimento atual da Corte Superior de que desnecessário o registro, para constituição da garantia, servindo antes para a

rio do Instrumento para Constituição de Garantia de Cessão Fiduciária de Título em Crédito.

Com o conceito de cessão de crédito bem delimitado é importante compor com ele o conceito de alienação fiduciária, a fim de que a cessão fiduciária, como forma de garantia se constitua.

3.2. Conceito de Alienação Fiduciária

A alienação fiduciária foi prevista pela primeira vez no ordenamento jurídico brasileiro pelo artigo 22[27] da Lei nº 9.514/1997, que dispõe sobre o sistema de financiamento imobiliário. Nota-se que a alienação fiduciária foi criada estritamente para uma finalidade: dar uma garantia confiável às instituições financeiras a fim de estimular e viabilizar a concessão de crédito para aquisição de imóveis.

Com o tempo, percebeu-se que tal garantia, pela sua fácil liquidez, poderia ser utilizada para muitas outras finalidades, como a estudada neste artigo.

A fim de estudar a alienação fiduciária, faz-se necessário entender o que é a propriedade fiduciária. De acordo com o artigo 1.361[28] do CC, trata-se de propriedade resolúvel de coisa

oponibilidade a terceiros (Agravo de Instrumento nº 2195194-11.2017.8.26.0000, TJ/SP, Rel. Des. Cláudio Godoy, 2ª Câmara Reservada de Direito Empresarial, j. em 10/04/2018)

[27] Art. 22 Lei nº 9.514/1997. A alienação fiduciária regulada por esta Lei é o negócio jurídico pelo qual o devedor, ou fiduciante, com o escopo de garantia, contrata a transferência ao credor, ou fiduciário, da propriedade resolúvel de coisa imóvel.

[28] Art. 1.361 do CC: Considera-se fiduciária a propriedade resolúvel de coisa móvel infungível que o devedor, com escopo de garantia, transfere ao credor. § 1º Constitui-se a propriedade fiduciária com o registro do contrato, celebrado por instrumento público ou particular, que lhe serve de título, no Registro de Títulos e Documentos do domicílio do devedor, ou, em se tratando de veículos, na repartição competente para o licenciamento, fazendo-se a anotação no certificado de registro.

móvel e infungível que o devedor transfere ao credor como forma de garantia.

Nas palavras de NAMEM CHALHUB *"ao ser contratada a alienação fiduciária, o devedor-fiduciante transmite a propriedade ao credor-fiduciário e, por esse meio, demite-se do seu direito de propriedade; em decorrência dessa contratação, constitui-se em favor do credor-fiduciário uma propriedade resolúvel; por força dessa estruturação, o devedor-fiduciante é investido na qualidade de proprietário sob condição suspensiva, e pode tornar-se novamente titular da propriedade plena ao implementar a condição de pagamento da dívida que constitui objeto do contrato principal."*[29]

Quando é celebrada a alienação fiduciária, a propriedade resolúvel do bem passa para o credor fiduciário. Referida propriedade não é plena, pois uma vez honrada a dívida, ela é transferida integralmente ao devedor fiduciante.

No caso de títulos de crédito todo o crédito é cedido ao credor cedente, ou seja, tanto a posse direta quando a indireta, até que a condição prevista em contrato seja verificada, a saber, o pagamento da dívida pelo credor cedido/devedor fiduciante. Isso significa que até que ocorra o evento futuro e incerto, o credor fiduciário poderá usar, gozar, dispor do bem.

Nota-se que quando se trata de bem fungível, como os títulos de crédito ou recebíveis analisados neste artigo, a correta denominação é cessão fiduciária. Assim, tal como na cessão de crédito, a propriedade do bem passa ao credor fiduciário, no entanto, essa propriedade é resolúvel, pois se encerra com o advento da condição, ou seja, o pagamento da dívida principal, assim como na alienação fiduciária de bens infungíveis.

§ 2º Com a constituição da propriedade fiduciária, dá-se o desdobramento da posse, tornando-se o devedor possuidor direto da coisa.
§ 3º A propriedade superveniente, adquirida pelo devedor, torna eficaz, desde o arquivamento, a transferência da propriedade fiduciária.

[29] CHALHUB, Melhim Namem. *Negócio Fiduciário.* Rio de Janeiro – São Paulo: Renovar, 2000, 2ª ed. Pág.22

3.2.1. Cessão Fiduciária de Direitos Creditórios

Conforme ensina Fábio Ulhoa *"a cessão fiduciária de títulos de crédito ou direitos creditórios é negócio jurídico que visa a constituição de direito real em garantia consistente na titularidade fiduciária de créditos (documentados ou não em títulos de crédito) cedidos pelo autor da garantia. As origens do instituto encontram-se no contrato de alienação fiduciária em garantia, que tem igual objetivo"*[30]

Conforme visto acima, a alienação fiduciária teve sua introdução no ordenamento jurídico através do Sistema de Financiamento Imobiliário em 1997. Somente em 2004, com o advento da Lei nº 10.931, de 02/08/2004, que inseriu o artigo 66-B na Lei nº 4.728 de 14/07/1965 tornando-se possível a cessão fiduciária de títulos de crédito, ou seja, abriu-se a possibilidade para a cessão fiduciária de direitos.

O advento desta possibilidade tornou mais simples a dinâmica dos mútuos entre instituições financeiras e empresas. Isso porque, além de conceder uma grande liquidez à garantia prestada, o que possibilita a redução da taxa de juros dos mútuos tornando-os mais atrativos, a cessão fiduciária veio ocupar um lugar que antes era do penhor de títulos de créditos.

Ao contrário da cessão de créditos, que para ser válida não se faz necessária a notificação do devedor original, no penhor a notificação do devedor é necessária para a garantia ser considerada válida[31], conforme artigo 1.453 do CC. Além disso, por se tratar de garantia real, o título penhorado entra no concurso de credores em uma eventual recuperação judicial ou falência.

[30] Coelho, Fábio Ulhoa. *Cessão fiduciária de direitos creditórios e sua exclusão da recuperação judicial.* Parecer Jurídico incluso ao Agravo de Instrumento nº 472.508-8, da 18ª Câmara Cível do Tribunal de Justiça do Paraná. Rel. Des. Ruy Muggiati, 19.05.2008

[31] Art. 1.453 do CC. O penhor de crédito não tem eficácia senão quando notificado ao devedor; por notificado tem-se o devedor que, em instrumento público ou particular, declarar-se ciente da existência do penhor.

Na cessão fiduciária, nos termos do artigo 66-B da Lei nº 4.728/1965 e artigo 19 da Lei 9.514/1997 o credor fiduciário detém seguintes direitos sobre o bem: (i) a posse direta e indireta do bem objeto da propriedade fiduciária ou do título representativo do direito ou do crédito; (ii) conservar e recuperar a posse dos títulos representativos dos créditos cedidos, contra qualquer detentor, inclusive o próprio cedente; (iii) promover a intimação dos devedores que não paguem ao cedente, enquanto durar a cessão fiduciária; (iv) usar das ações, recursos e execuções, judiciais e extrajudiciais, para receber os créditos cedidos e exercer os demais direitos conferidos ao cedente no contrato de alienação; e (v) receber diretamente dos devedores os créditos cedidos fiduciariamente.

Trata-se da materialização da propriedade fiduciária. A instituição financeira terá sobre os recebíveis dados em garantia o direito de utiliza-los como bem lhe convir.

Em termos práticos, esses direitos suportam muitas das ações das instituições financeiras. Conforme explicado acima, os títulos dados em garantia mudam ao longo do tempo, vejamos o exemplo: A Empresa A contratou com o Banco B um capital de giro, cedendo em garantia a sua carteira de cobrança, ou seja, os boletos que a Empresa A emitia pelo Banco B para que seus clientes lhe pagassem. Referidos boletos são emitidos em uma conta vinculada, que o Banco B abriu para que a Empresa A pudesse incluir os títulos. Os títulos ali inseridos seriam de disposição total do Banco B, pois cedidos fiduciariamente a ele.

Com o tempo, os primeiros títulos cedidos vencem e os clientes da Empresa A os quitam. Para que o pagamento seja transferido de forma definitiva à Empresa A um novo título, ou novos títulos, devem ser inseridos na conta vinculada. Caso contrário opera-se a trava bancária: o valor recebido do cliente fica retido pelo Banco B.

Além disso, podendo dispor livremente dos boletos que compõem a conta vinculada, o Banco B pode recusar como garantia eventuais títulos que em sua análise não possui a liquidez necessária, ou em outras palavras, cujo pagamento pelo devedor seja duvidoso. No limite desta situação, o Banco B poderá recusar todos os novos títulos inseridos e reter todos os pagamentos efetuados pelos títulos vencidos. Nesse cenário, a situação da Empresa A poderá ficar muito prejudicada.

Nos termos do artigo 18[32] da Lei 9.514/1997 o contrato para a formulação da garantia deverá conter: (i) o total da dívida ou sua estimativa; (ii) o local, a data e a forma de pagamento; (iii) a taxa de juros; e (iv) a identificação dos direitos creditórios objeto da cessão fiduciária.

3.2.2. Objeto da Cessão Fiduciária

Conforme definição no Ministro do STJ Marco Aurélio Bellizze "*cessão fiduciária de direitos sobre coisas móveis ou de títulos de crédito (em que se transfere a propriedade resolúvel do direito creditício, representado, no último caso, pelo título –* ***bem móvel incorpóreo e fungível, por natureza****), o devedor fiduciante, a partir da contratação, cede "seus recebíveis" à instituição financeira (credor fiduciário), como garantia ao mútuo bancário, que, inclusive, poderá apoderar-se diretamente do crédito constante em conta vinculada ("trava bancária") ou receber o correlato pagamento diretamente do terceiro (devedor do devedor fiduciante)*[33]" (sem grifo no original).

[32] Art. 18 da Lei 9.514/1997. O contrato de cessão fiduciária em garantia opera a transferência ao credor da titularidade dos créditos cedidos, até a liquidação da dívida garantida, e conterá, além de outros elementos, os seguintes:
I – o total da dívida ou sua estimativa;
II – o local, a data e a forma de pagamento;
III – a taxa de juros;
IV – a identificação dos direitos creditórios objeto da cessão fiduciária

[33] Recurso Especial nº 1412529/SP, Terceira Turma do Superior Tribunal de Justiça, Ministro Paulo De Tarso Sanseverino, Relator p/ Acórdão Ministro Marco Aurélio Bellizze, Terceira Turma, julgado em 17/12/2015, DJe 02/03/2016

O título cedido fiduciariamente à instituição financeira é um bem móvel, consoante expresso no artigo 83, inciso III[34], do CC, o qual estabelece que são bens móveis os direitos pessoais de caráter patrimonial.

No mesmo sentido, a Súmula 59 da Sessão de Direito Privado do Tribunal de Justiça do Estado de São Paulo ("TJ/SP") classifica como bens móveis os direitos de créditos que podem ser objeto de cessão fiduciária[35].

Trata-se também de um bem incorpóreo e fungível[36], uma vez que pode ser substituído por outros títulos com a mesma liquidez, já que o que é indispensável é o seu valor e sua certeza de pagamento.

Destaca-se, por fim, que antes da mudança legislativa apenas era permitia a alienação fiduciária sobre coisas corpóreas, conforme previsto no artigo nº 1.361 do CC[37]. Somente após a referida mudança, o ordenamento jurídico passou a aceitar a alienação fiduciária de coisas fungíveis e a cessão fiduciária de direitos sobre coisas móveis, tais como os títulos de cobrança[38].

[34] Art. 83 do CC: Consideram-se móveis para os efeitos legais:
I – as energias que tenham valor econômico;
II – os direitos reais sobre objetos móveis e as ações correspondentes;
III – os direitos pessoais de caráter patrimonial e respectivas ações.

[35] Súmula 59: Classificados como bens móveis, para os efeitos legais, os direitos de créditos podem ser objeto de cessão fiduciária. Disponível em: http://www.tjsp.jus.br/Download/SecaoDireitoPrivado/Sumulas.pdf

[36] Art. 85 do CC: São fungíveis os móveis que podem substituir-se por outros da mesma espécie, qualidade e quantidade.

[37] Art. 1.361 do CC: Considera-se fiduciária a propriedade resolúvel de coisa móvel infungível que o devedor, com escopo de garantia, transfere ao credor.

[38] "A alienação fiduciária tinha como objetivo inicialmente apenas coisas corpóreas. Posteriormente, estendeu-se o regime para direitos, assim como para coisas fungíveis, pelo acréscimo de artigo 66-A à Lei nº 4.728/65, por força da Medida Provisória nº 2.065-22, de 22 de junho de 2001. A Lei nº 10.931/04 manteve o regime mais liberal, mencionando serem passiveis de alienação fiduciária coisas fungíveis, sendo admitida a cessão fiduciária de direitos sobre coisas móveis e

4. Instrumento de Constituição de Cessão Fiduciária

4.1. Existência, Validade e Eficácia do Instrumento

O instrumento de constituição de cessão fiduciária, conforme visto, é contrato assessório. Dessa forma, trata-se de um negócio jurídico. Como negócio jurídico, para se aperfeiçoar, deve coadunar-se aos planos da existência, validade e eficácia dos negócios jurídicos.

Para existir o negócio jurídico precisa reunir características básicas para torna-lo real[39]. A doutrina[40] estabelece como: agente, declaração de vontade, objeto e forma. Não existindo dúvidas quanto à declaração de vontade dos agentes, estando ele expresso em um instrumento e celebrado entre instituição financeira e empresa, a cessão fiduciária existe.

Os elementos de validade do negócio jurídico estão expressos no artigo 104 do CC[41]. O instrumento deve ser celebrado por agente capaz, ter objeto licito, possível, determinado ou determinável e forma prescrita ou não defesa em lei.

Ademais, nos termos do artigo 166[42] do CC, sendo o negócio celebrado por pessoa incapaz, tendo objeto ilícito, não reves-

de títulos de crédito (§3º do artigo 66-B da Lei nº 4.728/65)" Eduardo Salomão. *Direito Bancário.* 2ª Edição. São Paulo: Atlas, 2014. Página 445

[39] "No plano da existência não se cogita de invalidade ou eficácia do fato jurídico, importa, apenas, a realidade da existência. Tudo, aqui, fica circunscrito a se saber se o suporte fático suficiente se compôs, dando ensejo à incidência" MELLO, Marcos Bernardes de. *Teoria do Fato Jurídico. Plano de Existência.* 14ª Ed. São Paulo: Saraiva, 2007, página 83-84

[40] GAGLIANO, Pablo Stolze e PAMPLONMA FILHO, Rodolfo. *Novo curso de direito civil:* parte geral. V. 1. São Paulo: Saraiva, 2008, página 322

[41] Art. 104. do CC: A validade do negócio jurídico requer:
I – agente capaz;
II – objeto lícito, possível, determinado ou determinável;
III – forma prescrita ou não defesa em lei.

[42] Art. 166 do CC: É nulo o negócio jurídico quando:
I – celebrado por pessoa absolutamente incapaz;
II – for ilícito, impossível ou indeterminável o seu objeto;

tir de forma prescrita em lei ou não cumprir com solenidade imposta pela Lei, dentre outros, o instrumento é nulo. Trata-se de nulidade absoluta.

Já a nulidade relativa está expressa no artigo 171[43] do CC e refere-se à incapacidade relativa do agente e a possíveis vícios no negócio jurídico resultante de erro, dolo, coação, estado de perigo, lesão ou fraude contra credores.

Trazendo a previsão legal ao instrumento de constituição de cessão fiduciária, tem-se que empresa e instituição financeira são agentes capazes para a celebração do negócio. O objeto do mútuo é lícito. Quanto à forma para a sua celebração, deve-se consultar os requisitos dados pelo legislador.

O artigo 66-B da Lei de Mercado de Capitais estabelece que os requisitos do instrumento de constituição da cessão fiduciária em garantia devam ser buscados no artigo 1.362 do CC. Neste artigo está definido que o instrumento deve conter (i) o total da dívida, ou sua estimativa; (ii) o prazo, ou a época do pagamento; (iii) a taxa de juros, se houver; (iv) a descrição da coisa objeto da transferência, com os elementos indispensáveis à sua identificação.

Conforme será exposto a seguir, a discussão atualmente em trâmite no Poder Judiciário refere-se ao último ponto, a saber, descrever no instrumento a coisa objeto da transferência com todos os elementos indispensáveis à sua identificação.

III – o motivo determinante, comum a ambas as partes, for ilícito;
IV – não revestir a forma prescrita em lei;
V – for preterida alguma solenidade que a lei considere essencial para a sua validade;
VI – tiver por objetivo fraudar lei imperativa;
VII – a lei taxativamente o declarar nulo, ou proibir-lhe a prática, sem cominar sanção.

[43] Art. 171. do CC: Além dos casos expressamente declarados na lei, é anulável o negócio jurídico:
I – por incapacidade relativa do agente;
II – por vício resultante de erro, dolo, coação, estado de perigo, lesão ou fraude contra credores.

No exemplo dado a cima, tal descrição se refere aos boletos incluídos pela Empresa A na conta vinculada criada pelo Banco B. Isso significa que para o instrumento de cessão ser válido, no momento da sua constituição deverá constar todos os boletos com seus elementos identificadores (valor, devedor, prazo de pagamento, etc.).

No entanto, é certo que tal descrição, no momento da constituição da garantia, não é possível. Essa questão deverá ser resolvida pela jurisprudência.

4.2. Jurisprudência

Muitos temas relacionados aos contratos de cessão fiduciária de títulos de crédito foram levados ao Poder Judiciário. Boa parte dos temas discutidos visam atacar a validade e limitar os efeitos dessa garantia.

4.2.1. Extraconcursalidade do Crédito Garantido pela Cessão Fiduciária

A judicialização do tema se intensificou quando os devedores – credores cedentes dos títulos – começaram a buscar o instrumento de recuperação judicial e se depararam a execução da trava bancária pelas instituições financeiras. Nesse cenário, os recebíveis da empresa recuperanda ficavam bloqueados e, paralelamente, a instituição financeira em nada precisaria coadunar-se ao plano de recuperação daquela empresa.

A esse respeito a Lei de Falências e Recuperação Judicial de Empresas, conforme seu artigo 49, § 3º[44], determina que o

[44] Art. 49. Estão sujeitos à recuperação judicial todos os créditos existentes na data do pedido, ainda que não vencidos.
§ 3º Tratando-se de credor titular da posição de proprietário fiduciário de bens móveis ou imóveis, de arrendador mercantil, de proprietário ou promitente vendedor de imóvel cujos respectivos contratos contenham cláusula de irrevogabilidade ou irretratabilidade, inclusive em incorporações imobiliárias, ou

crédito do proprietário fiduciário não se submete aos efeitos da recuperação judicial, ou seja, é extraconcursal e uma exceção à regra estabelecida naquela norma. A lógica de exceção encontra-se justamente no fato de a propriedade do crédito cedido, até o adimplemento da obrigação principal, ser da instituição financeira e não da empresa.

Buscando uma interpretação não extensiva deste artigo, devedores em fase de recuperação judicial pleitearam perante o STJ o reconhecimento de que a cessão fiduciária de títulos de crédito fosse excluída dessa exceção. Um ponto a favor deste argumento é o fato de a trava bancária tal como operacionalizada pelas instituições financeiras poder até mesmo inviabilizar a recuperação judicial, uma vez que os recebíveis ficam bloqueados para o pagamento de somente um credor[45].

de proprietário em contrato de venda com reserva de domínio, seu crédito não se submeterá aos efeitos da recuperação judicial e prevalecerão os direitos de propriedade sobre a coisa e as condições contratuais, observada a legislação respectiva, não se permitindo, contudo, durante o prazo de suspensão a que se refere o § 4º do art. 6º desta Lei, a venda ou a retirada do estabelecimento do devedor dos bens de capital essenciais a sua atividade empresarial.

45 "(...) Crédito do Banco do Brasil é garantido por hipoteca do terreno onde foi erguido o Hotel Pestana Barra e por penhor dos direitos creditórios decorrentes da comercialização das partes ideais do mencionado empreendimento. Entendimento da Ministra Maria Isabel Gallotti do STJ no REsp nº 1.263.500/ES, assentando que se, por um lado, a disciplina legal da cessão fiduciária de título de crédito coloca os bancos em situação extremamente privilegiada em relação aos demais credores, até mesmo aos titulares de garantia real (cujo bem pode ser considerado indispensável à atividade empresarial), e dificulta a recuperação da empresa, por outro, não se pode desconsiderar que a forte expectativa de retorno do capital decorrente deste tipo de garantia permite a concessão de financiamentos com menor taxa de risco e, portanto, induz à diminuição do spread bancário, o que beneficia a atividade empresarial e o sistema financeiro nacional como um todo (...)" (Agravo de Instrumento nº 0023669-87.2017.8.19.0000, Vigésima Segunda Câmara Cível do Tribunal de Justiça do Estado do Rio de Janeiro, Desembargador Relator Carlos Eduardo Moreira Da Silva – Julgamento: 26/09/2017)

No entanto, o STJ consolidou entendimento[46] no sentido de que a cessão fiduciária de títulos de crédito não se sujeita aos efeitos da recuperação judicial, e, portanto, não deve obedecer ao plano de recuperação para serem quitadas:

> Note-se que o credor titular da posição de proprietário fiduciário sobre direitos creditícios não opõe essa garantia real aos credores do recuperando, *mas sim aos devedores do recuperando* (contra quem, efetivamente, far-se-á valer o direito ao crédito, objeto da garantia), o que robustece a compreensão de que a garantia sob comento não diz respeito à recuperação judicial. *O direito de crédito cedido não compõe o patrimônio da devedora fiduciante (que sequer detém sobre ele qualquer ingerência), sendo, pois, inacessível aos seus demais credores e, por conseguinte, sem qualquer repercussão na esfera jurídica destes.* Não se antevê, desse modo, qualquer frustração dos demais credores do recuperando que, sobre o bem dado em garantia (fora dos efeitos da recuperação judicial), não guardam legítima expectativa. Aliás, sob o aspecto da boa-fé objetiva que deve permear as relações negociais, tem-se que compreensão diversa permitiria que o empresário devedor, naturalmente ciente da sua situação de dificuldade financeira, ao eleger o momento de requerer sua recuperação judicial, escolha, também, ao seu alvedrio, quais dívidas contraídas seriam ou não submetidas à recuperação judicial"[47] (sem grifo no original).

[46] "(...) Encontra-se sedimentada no âmbito das Turmas que compõem a Segunda Seção do Superior Tribunal de Justiça a compreensão de que a alienação fiduciária de coisa fungível e a cessão fiduciária de direitos sobre coisas móveis, bem como de títulos de crédito (caso dos autos), justamente por possuírem a natureza jurídica de propriedade fiduciária, não se sujeitam aos efeitos da recuperação judicial, nos termos do § 3º do art. 49 da Lei n. 11.101/2005." (Agravo Interno no Agravo em Recurso Especial nº 884153/SP, Terceira Turma do Superior Tribunal de Justiça, Relator Ministro Marco Aurélio Bellizze, julgado em 19/09/2017, DJe 28/09/2017)

[47] Recurso Especial 1.412.529-SP, Rel. Min. Paulo de Tarso Sanseverino, Rel. para acórdão Min. Marco Aurélio Bellizze, julgado em 17/12/2015, DJe 2/3/2016

Conforme visto acima, o que levou o STJ a não deferir o pedido das empresas em fase de recuperação judicial foi justamente o conceito de propriedade fiduciária. Como dito anteriormente, os títulos de crédito (recebíveis) são de propriedade direta e indireta da instituição financeira até que a empresa honre com a sua obrigação principal, que é o pagamento da dívida contraída. Dessa forma, não sendo de propriedade da empresa recuperanda, esse crédito não entra na esfera da recuperação judicial, não tendo, também, que se falar em prejuízo aos demais credores da recuperanda.

4.2.2. Necessidade de Registro do Instrumento de Constituição de Cessão Fiduciária

Superada a questão da possibilidade de se incluir os créditos lastreados por essas garantias na recuperação judicial, os devedores buscaram atingir a validade dos instrumentos de constituição de cessão fiduciária por sua falta de registro, que seria obrigatório pelo artigo 1.361[48] do CC.

Ocorre que como visto acima, esse artigo se refere especificamente à propriedade fiduciária de bens móveis infungíveis, como imóveis. O mesmo CC, no artigo 1.368-A[49] dispõe que as demais espécies de propriedade fiduciária se submetem à disciplina específica das respectivas leis especiais.

[48] Art. 1.361 do CC: Considera-se fiduciária a propriedade resolúvel de coisa móvel infungível que o devedor, com escopo de garantia, transfere ao credor. § lo Constitui-se a propriedade fiduciária com o registro do contrato, celebrado por instrumento público ou particular, que lhe serve de título, no Registro de Títulos e Documentos do domicílio do devedor, ou, em se tratando de veículos, na repartição competente para o licenciamento, fazendo-se a anotação no certificado de registro.

[49] Art. 1.368-A do CC: As demais espécies de propriedade fiduciária ou de titularidade fiduciária submetem-se à disciplina específica das respectivas leis especiais, somente se aplicando as disposições deste Código naquilo que não for incompatível com a legislação especial

O já citado artigo 66-B da Lei de Mercado de Capitais não exige o registro público para a constituição da garantia. O também já citado artigo 18 da Lei 9.514/1997 dispõe expressamente que a transferência do crédito cedido para a instituição financeira se opera no momento do contrato de cessão.

Por essas razões, o STJ vem negando o pedido das empresas para que seja necessário o registro a fim de se verificar a transferência do crédito cedido às instituições financeiras[50]. No entanto, deve-se destacar que essa posição não é pacífica nos Tribunais estaduais.

O TJ/SP, por exemplo, possui súmula destacando que a propriedade fiduciária só se constitui com o registro do instrumento no cartório de registro de títulos e documentos do domicílio do devedor[51].

Por sua vez, o Tribunal de Justiça do Rio Grande do Sul ("TJ/RS") em jurisprudência recente também considera indispensável o registro público para a operacionalização da trava

[50] "Lei n. 4.728/1995 no § 3º do art. 66-B, não se faz presente a exigência de registro, para a constituição da propriedade fiduciária, à cessão fiduciária de direitos sobre coisas móveis ou de títulos de crédito. Além disso, o § 4º dispõe que se aplica à cessão fiduciária de direitos sobre coisas móveis ou sobre títulos de crédito o disposto nos arts. 18 a 20 da Lei n. 9.514/1997. Segundo o art. 18 da referida lei, o contrato de cessão fiduciária em garantia, em si, opera a transferência ao credor da titularidade dos créditos cedidos até a liquidação da dívida garantida. Por sua vez, o art. 19 confere ao credor fiduciário direitos e prerrogativas decorrentes da cessão fiduciária que são exercitáveis imediatamente à contratação da garantia, independentemente de seu registro. Por outro lado, o posterior registro da garantia ao mútuo bancário destina-se a conferir publicidade a esse ajuste acessório, a radiar seus efeitos perante terceiros, função expressamente mencionada pela Lei n. 10.931/2004 ao dispor sobre Cédula de Crédito Bancário (...) (Recurso Especial 1.412.529-SP, Relator Ministro Paulo de Tarso Sanseverino, Relator para acórdão Ministro Marco Aurélio Bellizze, julgado em 17/12/2015, DJe 2/3/2016)

[51] Súmula 60 da Sessão de Direito Privado do TJ/SP: A propriedade fiduciária constitui-se com o registro do instrumento no registro de títulos e documentos do domicílio do devedor.

bancária[52] e, em outro julgado, determina que as travas bancárias sejam liberadas para as garantias cujos instrumentos não foram registrados[53].

Por outro lado, o Tribunal de Justiça do Rio de Janeiro ("TJ/RJ") vem adotando a jurisprudência do STJ a fim de não exigir

[52] AGRAVO DE INSTRUMENTO. RECUPERAÇÃO JUDICIAL. CRÉDITO DECORRENTE DE CESSÃO FIDUCIÁRIA. BEM DE PROPRIEDADE DA SÓCIA DA RECUPERANDA. EXTENSÃO DOS EFEITOS DA RECUPERAÇÃO JUDICIAL. IMPOSSIBILIDADE. REGISTRO DO CONTRATO. I. Preliminar contrarrecursal. Ilegitimidade ativa. Tendo o contrato em discussão sido celebrado pela recuperanda, esta possuiu interesse em ver os efeitos da recuperação judicial serrem estendidos a ele, ainda que com isso sejam os seus sócios beneficiados, não havendo falar em ilegitimidade ativa. Preliminar contrarrecursal rejeitada. II. Os créditos decorrentes de contrato garantido por cessão fiduciária não estão sujeitos aos efeitos da recuperação judicial, na forma do art. 49, § 3º, da Lei nº 11.101/2005, sendo possível a realização da chamada trava bancária, desde que o contrato esteja averbado no Registro de Títulos e Documentos competente (Apelação Cível nº 0119500-94.2016.8.21.7000, Décima Primeira Câmara Cível do Tribunal de Justiça do Rio Grande do Sul, Desembargador Relator Bayard Ney de Freitas Barcellos, julgado em 28/09/2016)

[53] Dessa forma, com vistas à preservação das empresas e à viabilidade da recuperação judicial, deve ser suspensa, por ora, a cláusula que possibilita a rescisão do contrato firmado com a Petrobrás Distribuidora S.A. para a hipótese do pedido de recuperação judicial, diante da especialidade e da existência de garantia hipotecária no contrato entabulado. III. Os créditos decorrentes de contrato garantido por cessão fiduciária não estão sujeitos aos efeitos da recuperação judicial, na forma do art. 49, § 3º, da Lei nº 11.101/2005, sendo possível a realização da chamada "trava bancária", desde que o contrato esteja averbado no Registro de Títulos e Documentos competente. Inteligência do art. 1.361, § 1º, do Código Civil, e art. 42, da Lei nº 10.931/2004. Assim, devem ser liberadas todas as travas bancárias dos contratos de financiamento garantidos por cessão fiduciária que não tenham sido registrados antes do ajuizamento da recuperação judicial. (Agravo de instrumento nº 0120270-24.2015.8.21.7000, Quinta Câmera Cível do Tribunal de Justiça do Estado do Rio Grande do Sul, Desembargador Relator Jorge André Pereira Gailhard, julgado em 16/12/2015)

o registro para a constituição da propriedade fiduciária, considerando-a válida e eficaz desde a sua contratação[54].

4.2.3. Individualização e Identificação dos Títulos Cedidos Fiduciariamente

Recentemente chegou ao STJ uma nova demanda acerca da cessão fiduciária de títulos de crédito. A tese sustentada pelas empresas é embasada no inciso IV[55] do artigo 1.362 do CC e inciso IV do artigo 18 da Lei 9.514/1997, os quais estabelecem que o contrato de cessão precisa identificar os direitos creditórios objeto da cessão fiduciária.

Ocorre que como visto ao longo deste artigo, o funcionamento do mecanismo de trava bancária e de rotatividade dos recebíveis que compõe (ou irão compor) a garantia impossibilita que no momento do instrumento de constituição de cessão fiduciária sejam individualizados e identificados os créditos da garantia, até mesmo porque alguns dos créditos sequer existam a época do contrato.

A questão teve o debate iniciado no TJ/SP, o qual acatando a argumentação das empresas passou a entender que a cessão dos direitos creditórios não havia sido regularmente constituída pois faltava-lhe a identificação, a saber:

> "Com relação aos "Contratos de Cessão Fiduciária de Direitos e Títulos de Crédito" constatasse que o objeto da garantia

[54] Agravo de Instrumento nº 0023669-87.2017.8.19.0000, Vigésima Segunda Câmara Cível do Tribunal de Justiça do Estado do Rio de Janeiro, Des. Carlos Eduardo Moreira Da Silva, Julgado em 26/09/2017

[55] Art. 1.362. O contrato, que serve de título à propriedade fiduciária, conterá:
I – o total da dívida, ou sua estimativa;
II – o prazo, ou a época do pagamento;
III – a taxa de juros, se houver;
IV – a descrição da coisa objeto da transferência, com os elementos indispensáveis à sua identificação.

é genérico. A identificação da garantia se limita à indicação de existência genérica de duplicatas e a identificação dos títulos de créditos se remetem a outros documentos consistentes em: " (i) Relação de títulos de existência física Borderô; e/ou (ii) Relação de títulos enviadas eletronicamente ("Relação de Títulos escriturais") ". Tais documentos, contudo, não foram apresentados (fls.631, 631 e 639). Não restou, portanto, observado o disposto nos artigos 1.362, inciso IV do Código Civil e 66-B da Lei 4.728/65. Ressalva-se, ainda, que artigo 66-B da Lei 4.728/65, que trata especificamente da alienação fiduciária de coisa fungível e da cessão fiduciária de direitos sobre coisa móvel, bem como de títulos de crédito, determina que os requisitos definidos no Código Civil para constituição da garantia, também, devem ser observados. Assim, não há conflito entre tais diplomas legais, em contrariedade ao proposto pela recorrente.

Dessa forma, a constituição da garantia referente à cessão fiduciária de direitos creditórios não foi regularmente constituída."[56]

Depreende-se da leitura do trecho destacado acima que o TJ/SP entendeu que a impossibilidade de identificação dos títulos fere o que é determinado no artigo nº 1.362, IV, do CC[57] e o artigo nº 18 da Lei 9.514/1997[58].

[56] Agravo de Instrumento nº 2176617-82.2017.8.26.0000. Primeira Câmara Reservada de Direito Empresarial do Tribunal de Justiça do Estado de São Paulo, Desembargador Relator Fortes Barbosa, julgado em 16/11/2017

[57] Art. 1.362 do CC: O contrato, que serve de título à propriedade fiduciária, conterá:
I – o total da dívida, ou sua estimativa;
II – o prazo, ou a época do pagamento;
III – a taxa de juros, se houver;
IV – a descrição da coisa objeto da transferência, com os elementos indispensáveis à sua identificação.

[58] Art. 18. O contrato de cessão fiduciária em garantia opera a transferência ao credor da titularidade dos créditos cedidos, até a liquidação da dívida garantida,

Até o advento da jurisprudência acima, pela natureza do direito creditício, o entendimento jurisprudencial que vinha sendo adotado aceitava que essa identificação ocorresse "*naturalmente, referir-se-á à mensuração do valor constante da conta vinculada ou dos "recebíveis", representados nos títulos de crédito, cedidos em garantia ao débito proveniente do mútuo bancário.*"[59]

As decisões recentes do TJ/SP passaram a entender que além de ser necessária a individualização dos bens fungíveis dados em garantia, tal identificação dos créditos deveria ser registrada no competente Registro de Títulos e Documentos a fim de a garantia usufruir dos benefícios da cessão fiduciária em uma recuperação judicial[60], voltando a um argumento já enfrentado pelas Cortes Superiores.

A questão alcançou o STJ, primeiramente, via a agravo interno em sede de recurso especial, requerendo efeito suspensivo contra a decisão do TJ/SP[61], a qual entendeu que a

e conterá, além de outros elementos, os seguintes:
I – o total da dívida ou sua estimativa;
II – o local, a data e a forma de pagamento;
III – a taxa de juros;
IV – a identificação dos direitos creditórios objeto da cessão fiduciária

[59] Recurso Especial nº 1412529/SP, Terceira Turma do Superior Tribunal de Justiça, Relator Ministro Paulo De Tarso Sanseverino, Rel. p/ Acórdão Ministro Marco Aurélio Bellizze, julgado em 17/12/2015, DJe 02/03/2016

[60] Agravo de Instrumento nº 2091515-29.2016.8.26.0000, Segunda Câmara Reservada em Direito Empresarial do Tribunal de Justiça do Estado de São Paulo, Desembargador Relator Caio Marcelo Mendes De Oliveira, Julgado em 15/05/2017

[61] "Recuperação judicial. Impugnação de crédito apresentada por credor que se diz titular de garantia fiduciária. Incidente suscitado previamente ao termo inicial do prazo previsto para oferecimento de impugnação à relação de credores elaborada pela Administradora Judicial. Irrelevância, ante a inexistência de prejuízo concreto às partes, tendo o ato cumprido a sua finalidade precípua de veicular irresignação contra o rol de credores. Pretensão do impugnante de excluir o crédito do qual é titular dos efeitos da recuperação judicial. Descabi-

garantia fiduciária não foi constituída em termos formalmente adequados.

As instituições financeiras alegaram que "*por serem bens móveis, os recebíveis ou direitos creditórios, presentes ou futuros, subsumem-se ao art. 49, § 3º, da Lei nº 11.101/05. No caso de recebíveis futuros, não pode o e. TJSP criar requisitos de 'especificação', exatamente porque esses recebíveis ainda não existem; a descrição da espécie, da qualidade e da quantidade do bem (CC, art. 85) é suficiente para atender ao art. 1.362, IV, do CC. Exigir a pormenorização de recebíveis que ainda não existem simplesmente inviabiliza a operação, pois pressupõe que os títulos – e não os direitos creditórios – são objeto da cessão e, repita-se, acaba por transformar bens fungíveis em infungíveis*"[62].

mento. Instrumentos contratuais relativos à garantia que, embora registrados perante cartório extrajudicial, deixaram de discriminar os direitos creditícios que seriam objeto da cessão fiduciária. Violação ao art. 18, IV, da Lei nº 9.514/97, aplicável à espécie por força do disposto no art. 66-B, § 4º, da Lei nº 4.728/65. Garantia fiduciária não constituída em termos formalmente adequados. Decisão de Primeiro Grau, que acolheu a impugnação de crédito, reformada. Agravo de instrumento das recuperandas provido".
Impugnação de crédito Recuperação judicial Créditos oriundos de cessão fiduciária de duplicatas, submetidos ao registro previsto no artigo 1361, § 1º do Código Civil. Contratos, no entanto, que não descrevem o objeto da garantia, sendo impossível a sua identificação. Inobservância do art. 1362, IV, do CC. Subsunção à recuperação judicial. Jurisprudência deste E. TJSP. Recurso provido." (Agravo de Instrumento nº 2110279-34.2014.8.26.0000, Primeira Câmara, Desembargador Relator Maia da Cunha, julgado em 11/9/2014). No mesmo sentido: Agravo de Instrumento nº 2033287-66.2013.8.26.0000, 2ª Câmara, Rel. Des. José Reynaldo, j. 16/6/2014; Agravo de Instrumento nº 0140020-90.2013.8.26.0000, 1ª Câmara, Rel. Des. Araldo Telles, j. 3/2/2014". (Agravo de Instrumento n. 20501745-28.2015.8.26.0000, Segunda Câmara Reservada de Direito Empresarial do Tribunal de Justiça do Estado de São Paulo, Relator Ministro Fabio Tabosa, Julgado em 18/05/2015)

[62] Agravo Interno no Pedido de Tutela Provisória nº 434/SP, Ministra Relatora Nancy Andrighi, Ministro para Acórdão, Marco Aurélio Belizze, Terceira Turma do Superior Tribunal de Justiça, Julgado em 12/09/2017

A argumentação das instituições financeira foi levada em consideração e o STJ, vislumbrando existir risco de irreversibilidade do dano já que a empresa em questão se encontrava em processo de falência, concedeu o efeito suspensivo requerido, a saber:

> "1. É estritamente jurídica, a viabilizar o seu exame por esta Corte, a questão relacionada à necessidade de, nas cessões fiduciárias de direitos creditórios, haver o detalhamento, nos respectivos instrumentos contratuais, dos créditos objeto dessa garantia. Para além de sua manifesta relevância, trata-se, também, de matéria inédita na jurisprudência do Superior Tribunal de Justiça e que vem bem discutida, com argumentos plausíveis, no recurso do requerente
>
> 2. Ademais, revela-se justificado o receio manifestado pelo requerente de que da demora na apreciação do recurso resulte dano de improvável reversibilidade, não só porque alterada a situação fática das requeridas, que tiveram decretada a falência, como também por haverem elas dado início ao cumprimento de sentença, dele exigindo, com base no acórdão objeto do recurso especial, o pagamento de significativa quantia.
>
> 3. Agravo interno provido para o fim de deferir o efeito suspensivo."

A decisão que concedeu o efeito suspensivo, no entanto, não foi unânime. A Ministra NANCY ANDRIGHI entendeu que "*alterar o entendimento do acórdão impugnado, no que se refere ao aperfeiçoamento da garantia fiduciária, exigiria o reexame de fatos e provas, o que é vedado em recurso especial pela Súmula 7/STJ*[63]" e, ainda, "*que se afastasse a aplicação da Súmula 7/STJ, tem-se que, ao menos aparentemente, o recurso do requerente não guarda notória plausibili-*

[63] Súmula 7: A pretensão de simples reexame de prova não enseja recurso especial.

dade, tendo em vista a coerência da fundamentação apresentada pelo TJ/SP e, ainda, o disposto no art. 1.362, IV, do CC/02, que prevê que o contrato, que serve de título à propriedade fiduciária, conterá a descrição da coisa objeto da transferência, com os elementos indispensáveis à sua identificação"[64].

Nota-se que o voto vencido entendeu que para reavaliar a questão do aperfeiçoamento da garantia seria necessário reexame de prova, o que não é permitido em sede de recurso especial (súmula 7 do STJ). No entanto, o voto também manifesta que não fosse o impedimento dado pela súmula 7, de fato a garantia não estaria aperfeiçoada devido à falta de identificação dos títulos, concordando com o posicionamento do TJ/SP.

O mérito do recurso especial não foi enfrentado pelo STJ até a conclusão deste artigo, no entanto, é possível verificar a divergência acerca do assunto, mesmo entre os ministros da Corte Superior.

5. Novos Rumos da Cessão Fiduciária de Recebíveis Frente a Jurisprudência Atual

A discussão pendente de conclusão no STJ pode causar uma grande mudança nos mútuos bancários. Conforme visto acima, a existência de garantia é uma exigência legal para que um contrato de mútuo seja celebrado por uma instituição financeira. Por outro lado, para as empresas, a questão da garantia pode inviabilizar um empréstimo necessário para o seu fluxo de caixa.

Por possuir uma alta liquidez, a cessão fiduciária de títulos de crédito ou de recebíveis em geral ganhou grande espaço nos contratos de mútuo bancário e são bem aceitas por parte das instituições financeira. Pelo lado das empresas essa recíproca

[64] Agravo Interno no Pedido de Tutela Provisória nº 434/SP, Ministra Relatora Nancy Andrighi, voto vencido, Terceira Turma do Superior Tribunal de Justiça, Julgado em 26/04/2017

é verdadeira, já que tal garantia confere ao contrato de mútuo baixas taxas de juros, especialmente, se comparadas a taxas de contratos garantidos por outros instrumentos.

Assim, a princípio, essa forma de garantia se revela uma boa opção para ambas as partes. Ocorre que o fato de o crédito garantido pela cessão fiduciária ser extraconcursal em caso de recuperação judicial ou falência da empresa, trouxe certa instabilidade para a relação que era tida como benéfica para os dois contratantes. Diante disso, as empresas levaram ao Poder Judiciário uma série de argumentos a fim de invalidar a constituição da garantia.

Quer pela falta de registro, quer pela impossibilidade de individualização dos títulos no instrumento de constituição de cessão fiduciária, o que se pleiteia é que a validade da cessão seja ferida, deixando o crédito da instituição financeira sem a garantia que lhe confere a extraconcursalidade.

Como consequência, o crédito do contrato de mútuo deveria entrar na recuperação judicial ou na falência na classe dos quirografários[65], já que estaria sem qualquer garantia.

Neste contexto, a impossibilidade de, simplesmente, retirar a posição privilegiada dos créditos garantidos pela cessão fiduciária de títulos de crédito vem sendo abordada pelo STJ.

No Recurso especial nº 1.263.500/ES, a Ministra Maria Isabel Gallotti ressaltou que "*certamente, a disciplina legal do instituto da alienação fiduciária em garantia foi considerada pelo credor quando da contratação do financiamento. As bases econômicas do negócio jurídico teriam sido outras se diversa fosse a garantia, o que não pode ser desconsiderado sob pena de ofensa ao princípio da boa-fé objetiva, basilar do*

[65] Art. 83, VI da Lei de Recuperação Judicial e Falências: I – créditos quirografários, a saber: a) aqueles não previstos nos demais incisos deste artigo; b) os saldos dos créditos não cobertos pelo produto da alienação dos bens vinculados ao seu pagamento; c) os saldos dos créditos derivados da legislação do trabalho que excederem o limite estabelecido no inciso I do caput deste artigo.

Código Civil. Se, por um lado, a disciplina legal da cessão fiduciária de título de crédito coloca os bancos em situação extremamente privilegiada em relação aos demais credores, até mesmo aos titulares de garantia real (cujo bem pode ser considerado indispensável à atividade empresarial), e dificulta a recuperação da empresa, por outro, não se pode desconsiderar que a forte expectativa de retorno do capital decorrente deste tipo de garantia permite a concessão de financiamentos com menor taxa de risco e, portanto, induz à diminuição do spread bancário, o que beneficia a atividade empresarial e o sistema financeiro nacional como um todo".[66]

O Ministro Antônio Carlos Ferreira assinalou que *"a posição privilegiada do credor fiduciário é o que assegura as taxas de juros que são praticadas nessa modalidade de operação financeira e o que possibilita o acesso ao crédito a muitas empresas. Alterar essa posição de privilégio do credor trará, naturalmente, repercussões nos custos dessa operação. Não permitir a realização da garantia pelo credor, conforme previsão contratual, implica descaracterizar o instituto, tornando vulnerável a garantia. Entendo que a vontade do legislador foi, de fato, excluir os créditos garantidos por cessão fiduciária dos efeitos da recuperação judicial".*[67]

O que se vislumbra dos trechos dos votos acima destacados é que (i) as baixas taxas de juros somente são possíveis pela garantia que as instituições financeiras têm de o crédito ser extraconcursal; (ii) tornar tais créditos concursais mudaria os custos da operação de tomada de crédito, a saber, ficaria mais cara às empresas; (iii) a mudança na posição privilegiada dessa forma de garantia frente aos demais créditos desvirtuaria a vantagem da cessão fiduciária como forma de garantia.

Diante desse cenário, no tocante as garantias já prestadas e em vigor, se inviabiliza a possibilidade de descaracterizar a

[66] Recurso Especial nº 1.263.500/ES, Rel Ministra MARIA ISABEL GALLOTTI, QUARTA TURMA, Julgado em 05/02/2013

[67] Recurso Especial nº 1.263.500/ES, Rel Ministra MARIA ISABEL GALLOTTI, QUARTA TURMA, Julgado em 05/02/2013

garantia como extraconcursal, uma vez que essa característica é o que justamente tornou o capital de giro atraente à empresa.

Assim, com base no princípio da boa-fé objetiva e da função social do contrato, não é possível retirar o privilégio de tais créditos, seja porque o deságio que se verificará no recebimento do crédito afetará toda uma instituição financeira e, com ela, todos os seus clientes, seja porque não se justifica a empresa receber créditos com baixo custo financeiro baseado na extraconcursalidade e, após utilizar os recursos tomados, discutir a mesma extraconcursalidade.

No entanto, caso o STJ entenda que a falta de individualização torne a garantia não aperfeiçoada, será necessário que o mecanismo da trava bancária seja adaptado. Sugere-se, por exemplo, que para cada novo título ou recebível que irá compor a garantia, seja feito um adendo ao contrato, individualizando e identificando conforme previsão legal. É certo que essa formalidade gerará custos adicionais e tornará essa forma de garantia pouco atrativa às instituições financeira, quer por sua insegurança, quer pela sua falta de eficiência.

Ademais, caso essa seja a decisão final do STJ, para as novas garantias ficará pendente uma reforma legislativa.

A primeira opção é tornar o crédito concursal desde o início, alterando o art. 49, § 3º da Lei de Recuperação Judicial e Falência. Dessa forma, a cessão fiduciária ganharia a mesma posição dos demais créditos com garantia real, possibilitando que as instituições financeiras pratiquem no contrato de mútuo as taxas de juros condizentes com essa nova realidade.

Outra opção seria alterar o artigo 66-B a fim de que não haja uma referência ao CC, que dispõe sobre os requisitos da propriedade fiduciária e não da alienação fiduciária.

O artigo 66-B poderia, então, passar a prever os requisitos para que o mecanismo da trava bancária e da cessão fiduciária de títulos de créditos não perca suas características essenciais, permitindo, inclusive, que não seja necessária a individualização em contratos cuja garantia seja recebíveis e títulos que, possivelmente, ainda não existam no momento da contratação.

6. Considerações Finais

A garantia abordada ao longo deste artigo é de fundamental importância para a concessão de mútuos às empresas em dificuldades financeiras.

A cessão fiduciária de direitos foi um avanço para o mercado, tendo em vista a possibilidade de instituições financeiras concederem mais crédito, cobrando menos juros. Isso só é possível pois a garantia é de alta liquidez e fica em poder da instituição financeira, reduzindo a possibilidade de inadimplência.

Entretanto, com o fato de os créditos com tais garantias serem extraconcursais, a vantagem das instituições financeiras frente aos demais credores passou a ser vista como injustificável pelos devedores, os quais sustentam que a não inclusão de tais créditos em uma possível recuperação judicial, pode, até mesmo inviabilizar a recuperação da empresa, uma vez que os recebíveis são todos bloqueados para o pagamento de só um credor.

Alguns pontos foram levados ao conhecimento dos Tribunais Superiores, a saber: (i) a inclusão de tais créditos no concurso de credores; (ii) a necessidade de registro público dos instrumentos de cessão fiduciária e (iii) a necessidade de individualização e identificação dos títulos dados em garantia.

Os dois primeiros pontos já foram descartados. No entanto, é certo que o STJ deverá se aprofundar na análise do aperfeiçoamento desta garantia, a fim de que as regras para sua validade sejam por fim estabelecidas.

Isso por que o tema carece de maior segurança jurídica a fim de que tanto as empresas quanto as instituições financeiras possam utilizar dessa ferramenta de forma consciente e sabendo, desde o início, as consequências. Com uma solução definitiva da questão, vislumbra-se, inclusive, a possibilidade de queda no custo de tais linhas de mútuo.

Diante disso, entende-se que seja necessária uma mudança legislativa, a fim de enquadrar legalmente todos os pontos que com o tempo foram decididos pela jurisprudência e assim tornar um ambiente mais seguro, sem duplicidade de interpretação e com maior benefício para as partes que utilizam de tal operação.

Referências

ALVIM NETO, José Manuel de Arruda. *Cláusulas Abusivas e seu controle no Direito Brasileiro.* Revista de Direito do Consumidor, n. 20, p.25-70. São Paulo: 1996.

ALVES, José Carlos Moreira. *Da alienação fiduciária em garantia.* 3ª ed. Rio de Janeiro: Forense, 1987.

CHALHUB, Melhim Namem; ASSUMPÇÃO, Márcio Calil. *Cessão fiduciária de direitos creditórios: aspectos da sua natureza jurídica e seu tratamento no concurso de credores.* Separata de RTDC, nº 38. Rio de Janeiro: Padma, 2009

CHALHUB, Melhim Namem. *Negócio fiduciário.* 4. ed. rev. e atual. Rio de Janeiro: Renovar, 2009

COELHO, Fábio Ulhoa. *Curso de Direito Civil: Contratos.* 7ª Edição. Saraiva, 2005

COSTA, Judith Martins. *Negócios Fiduciários – considerações sobre a possibilidade de acolhimento do trust no Direito Brasileiro.* Revista dos Tribunais, v. 657, p.37-50.

DINIZ, Maria Helena. *Curso de Direito Civil Brasileiro, Volume 3: Teoria das Obrigações Contratuais e Extracontratuais,* 25ª Edição reformulada – São Paulo. Saraiva, 2009

FERNANDES, Jean Carlos. *Cessão fiduciária de títulos de crédito. A posição do credor fiduciário na recuperação judicial das empresas.* Rio de Janeiro: Lumen Juris, 2009.

GAGLIANO, Pablo Stolze e PAMPLONMA FILHO, Rodolfo. ***Novo curso de direito civil: Parte Geral.*** Volume nº 1. São Paulo: Saraiva, 2008

GOMES, Orlando. *Alienação Fiduciária em Garantia.* 2.ed. São Paulo: Revista dos Tribunais, 1971.

GOMES, Orlando. *Contratos.* Rio de Janeiro: Forense, ed. 18, 1998

LEONARDO, Rodrigo Xavier. *A cessão de crédito: reflexos sobre a causalidade na transmissão de bens no direito brasileiro.* In: JABUR, Gilberto Haddad

(Coord); PEIREIRA JR., Antonio Jorge (Coord). Direito dos Contratos II. São Paulo: Quarter Latin, 2008, p. 338-364.

LIMA, Otto de Souza. *Negócio Fiduciário.* São Paulo: Revista dos Tribunais, 1962

LOIREIRO, Francisco Eduardo. *Código Civil Comentado.* Coordenador Ministro Cezar Peluso. Editora Manole. 7ª Edição. 2013. p. 1.423

LOBO, Paulo Luiz Netto. *Teoria Geral das Obrigações.* São Paulo: Saraiva, 2005

LUIZI, Fernando Fiorezzi de; BACELAR, Luiz Gustavo. *Alienação Fiduciária x Cessão Fiduciária.* Artigo. São Paulo: A Tribunal do Direito, Novembro/2008

MARTINS, Fran. *Títulos de Credito,* v.1, 11ª edição. Rio de Janeiro: Forense, 1995

MELLO, Marcos Bernardes de. *Teoria do Fato Jurídico. Plano de Existência.* 14ª Ed. São Paulo: Saraiva, 2007

MOTA PINTO, Carlos A. *Teoria Geral do Direito Civil.* Coimbra: Almedina, 2010

NETO, Eduardo Salomão. *Direito Bancário.* 2ª Edição. São Paulo: Atlas, 2014.

NETO, Francisco Amaral dos Santos. *A Alienação Fiduciária em Garantia no Direito Brasileiro. Doutrinas Essenciais Obrigações e Contratos.* Volume 5º, São Paulo: Revista dos Tribunais sp. 315 e ss.

NOGUEIRA. André Carvalho. *Propriedade Fiduciária em garantia: O Sistema Dicotômico da propriedade no Brasil.* In: Revista de Direito Bancário. Revista dos Tribunais: 2008

POMBO, Bárbara. *STJ Mantém 'Trava Bancária' em Recuperação Judicial.* Artigo publicado no Jornal Valor Econômico em 15/02/2013. Disponível em http://www.valor.com.br/brasil/3006164/stj-mantem-trava-bancaria-em-recuperacao-judicial. Acesso em 28/11/2017

PONTES DE MIRANDA, Francisco Cavalcante. *Tratado de Direito Privado,* t. XXIII, atualizado por Nelson Nery Jr. E Rosa Maria de Andrade Nery. Revista dos Tribunais, p. 347.

SILVA, Bruno Torres e. *Cessão fiduciária de direitos creditórios.*1. ed. São Paulo: Almedina, 2012. 168 p

TEPEDINO, Gustavo e SCHREIBER, Anderson. *A Boa-fé Objetiva no Código de Defesa do Consumidor e no novo Código Civil.* In TEPEDINO, Gustavo (Coord.). Obrigações: *estudos na perspectiva civil-constitucional.* Rio de Janeiro: Renovar, 2005

VENOSA, Silvio de Salvo. *Direito Civil.* Volumes I e III, Editora Atlas. 10ª Edição, 2010

WALD, Arnoldo. *Obrigações e contratos.* São Paulo: Saraiva, 2006.

Jurisprudência

Recurso Especial nº 1412529/SP, Rel. Ministro Paulo De Tarso Sanseverino, Rel. p/ Acórdão Ministro Marco Aurélio Bellizze, TERCEIRA TURMA, julgado em 17/12/2015, DJe 02/03/2016. Disponível em www.stj.jus.br

Recurso Especial nº 1.263.500/ES, Rel Ministra Maria Isabel Gallotti, QUARTA TURMA, Julgado em 05/02/2013. Disponível em www.stj.jus.br

Agravo Interno No Pedido De Tutela Provisória Nº 434/SP Rel. Ministra NANCY ANDRIGHI, Rel p/ Acórdão Ministro Marco Aurélio Bellizze, TERCEIRA TURMA, Julgado em 12/09/2017, Dje 05/10/2017. Disponível em www.stj.jus.br

Agravo Interno no Agravo em Recurso Especial nº 884153/SP, Rel. Ministro Marco Aurélio Bellizze, TERCEIRA TURMA, julgado em 19/09/2017, DJe 28/09/2017. Disponível em www.stj.jus.br

Agravo de Instrumento nº 2091515-29.2016.8.26.0000, Relator Desembargador Caio Marcelo Mendes de Oliveira, 2ª Câmara Reservada de Direito Empresarial do Tribunal de Justiça do Estado de São Paulo, Julgado em 15/05/2017. Disponível em www.tjsp.jus.br

Agravo de Instrumento nº 2176617-82.2017.8.26.0000. Relator Desembargador Fortes Barbosa. 1ª Câmara Reservada de Direito Empresarial do Tribunal de Justiça do Estado de São Paulo, Julgado em 16/11/2017. Disponível em www.tjsp.jus.br

Agravo de Instrumento n. 20501745-28.2015.8.26.0000, Segunda Câmara Reservada de Direito Empresarial do Tribunal de Justiça do Estado de São Paulo, Relator Ministro Fabio Tabosa, Julgado em 18/05/2015. Disponível em www.tjsp.jus.br

Agravo de Instrumento nº 0023669-87.2017.8.19.0000, Vigésima Segunda Câmara Cível do Tribunal de Justiça do Estado do Rio de Janeiro, Desembargador Relator Carlos Eduardo Moreira da Silva, Julgado em: 26/09/2017. Disponível em www.tjrj.jus.br

Agravo de instrumento nº 0120270-24.2015.8.21.7000, Quinta Câmera Cível do Tribunal de Justiça do Estado do Rio Grande do Sul, Desembargador Relator Jorge André Pereira Gailhard, Julgado em 16/12/2015. Disponível em www.tjrs.jus.br

Apelação Cível nº 0119500-94.2016.8.21.7000, Décima Primeira Câmara Cível do Tribunal de Justiça do Rio Grande do Sul, Desembargador Relator Bayard Ney de Freitas Barcellos, julgado em 28/09/2016. Disponível em www.tjrs.jus.br

Obras Complementares

MARTINS-COSTA, Judith. *A Boa-fé no Direito Privado*. São Paulo: RT, 1999.

MENEZES CORDEIRO, Antônio Manuel da Rocha. *Da Boa Fé no Direito Privado*. Coimbra: Almedina, 2007

SIRENA, Hugo Cremonez. *Direito dos Contratos: Relações Contratuais de Fato e o Princípio da Boa-Fé*. Revista Jurídica da Procuradoria Geral do Estado do Paraná, Curitiba, n. 5, p. 193-239, 2014.

Execução da Garantia de Alienação Fiduciária de Imóveis

Filipe Alvarenga Maroni

1. Introdução

No contexto do mercado de crédito brasileiro e de seu complexo arcabouço de garantias, a alienação fiduciária sempre foi conceitualmente considerada uma modalidade de garantia mais forte e segura que as demais.

Entretanto, mesmo com o advento da Lei nº 9.514/97 que regulamentou a alienação fiduciária de bens imóveis, as situações práticas desvendaram uma série de lacunas que, em maior ou menor medida, vêm colocando em cheque a segurança jurídica dessa garantia.

Apesar de ter havido, recentemente, uma alteração da Lei nº 9.514/97 que introduziu significativas modificações, regulamentando assuntos que há décadas vem sendo objeto de discussões nos tribunais brasileiros, será demonstrado ao longo desse estudo que ainda persistem importantes lacunas de cunho teórico e prático em torno da garantia de alienação fiduciária.

Por conta desses problemas, não são raras as vezes em que um credor detentor de alienação fiduciária de imóveis, para tentar contornar eventuais discussões no momento em que vai executar sua garantia, recorre ao judiciário em busca de salvaguarda de executar sua garantia e minimizar os prejuízos que vem experimentando desde o momento da inadimplência do devedor.

Como se não bastasse o fato do credor, em casos específicos, precisar se valer do procedimento judicial para reaver sua garantia – que via de regra seria executada por meios extrajudiciais – ao fazer esta escolha, por vezes ele é confrontado com alegações de ineficácia da sua garantia e, portanto, perda da prioridade que lhe é conferida pela lei.

Dessa maneira, ao longo deste trabalho são expostos alguns dos principais pontos polêmicos que fomentam os embates jurídicos acerca da alienação fiduciária de imóveis hoje em dia e como o legislador vem inovando sobre o assunto de maneira a resolver tais questões.

Com isso, o objetivo do estudo é elaborar uma análise do contexto legislativo e jurisprudencial atual acerca do assunto para que seja possível propor não apenas opções de estrutura de operações mais adequadas ao mercado de crédito, como também sugestões de redação de contratos de empréstimos bancários e seus respectivos instrumentos de garantia para, acima de tudo, mitigar falta de segurança jurídica dos efeitos práticos do instituto da alienação fiduciária sem necessariamente privilegiar credores ou devedores.

2. Formação do Negócio Jurídico

Como exposto de forma breve até este ponto, um dos objetivos do estudo é tão simples quanto defender a existência, validade e eficácia de uma modalidade de garantia – no caso, a alienação fiduciária de imóveis – celebrada por meio de um contrato.

Para que seja possível conferir embasamento jurídico e teórico às argumentações que levarão às conclusões pretendidas, é necessário, antes de tudo, que lembremos de preceitos fundamentais da formação dos negócios jurídicos.

2.1. Elementos Essenciais do Negócio Jurídico

A partir da consagrada construção teórica do jurista Pontes de Miranda – a chamada "Escada Pontiana" – tem-se que os negócios jurídicos ditos bem celebrados são, invariavelmente, revestidos pelos planos de existência, validade e eficácia.

Nessa esteira, traçando o paradigma desta linha teórica com as disposições do artigo 104 e seguintes do Código Civil, é suficiente resumir os elementos essenciais de validade do negócio jurídico em:

i. Partes capazes ou capacidade do agente;
ii. Manifestação de vontade ou consentimento;
iii. Objeto lícito, possível, determinado ou determinável;
iv. Forma prescrita ou não defesa em lei;

Já no plano da eficácia, os elementos essenciais estão relacionados com a implementações de condições suspensivas e resolutivas dos direitos e deveres das partes que basicamente se resumem em Condições (evento futuro e incerto), Termos (evento futuro e certo) ou Encargos (ônus), conforme previstos nos artigos 121 e seguintes do Código Civil.

Por este raciocínio, seria correto afirmar que um negócio jurídico celebrado por meio de um contrato que preencha todos os requisitos essenciais de validade e eficácia é um negócio jurídico bem formalizado.

Entretanto, sem prejuízo do exposto acima, é preciso considerar que cada contrato é celebrado dentro de um contexto fático e em situações específicas que se alteradas de certa maneira ao longo da sua fase executória podem acarretar em um desequilíbrio.

Dessa forma, é plenamente possível que haja uma situação em que um contrato, apesar de preencher os requisitos essenciais do negócio jurídico, tenha se tornado desproporcional e levado uma das partes a experimentar ônus imprevisível e injusto.

2.2. Teorias motivadoras da Revisão Contratual

Para remediar uma situação de desequilíbrio contratual por fato superveniente, existem diversas teorias históricas que protegem as relações contratuais das variações de cenários imprevisíveis e hipóteses que oneram excessivamente uma das partes.

A cláusula *rebus sic stantibus*, por exemplo, é a tradicional expressão da possibilidade de revisão dos contratos de execução diferida que significa "estando assim as coisas".

Segundo a lição de Caio Mario, esta cláusula, que sempre esteve implícita nas relações contratuais, consiste em impor aos contratantes que fiquem adstritos ao fiel cumprimento do contrato mediante o pressuposto que se mantenham inalteradas as circunstâncias do contexto fático que vigoravam no momento da sua celebração[1].

Seguindo essa linha de pensamento, houve a adaptação da "clausula *rebus*" pra lhe conferir a roupagem da Teoria da Imprevisão.

Consequentemente para que fosse possível rever o contrato utilizando como fundamento a Teoria da Imprevisão, Caio Mario[2] entendia que fosse imprescindível a prevalência de alguns requisitos:

i. vigência de um contrato de execução diferida ou sucessiva;
ii. alteração substancial e imprevisível das condições econômicas objetivas no momento da execução;
iii. onerosidade excessiva para uma das partes;

[1] Pereira, Caio Mário da Silva. Instituições de Direito Civil. 10. ed. Rio de Janeiro: Forense, 2000. v. 3. p. 98.

[2] Pereira, Caio Mário da Silva. Instituições de Direito Civil. 10. ed. Rio de Janeiro: Forense, 2000. v. 3. p. 100.

Essa teoria, que tem como base o princípio da equidade, foi sendo consolidada tanto pela doutrina quanto pela jurisprudência até que foi oficialmente recepcionada pelo Código Civil de 2002 no artigo 478 por meio do instituto da onerosidade excessiva *in verbis*:

> Art. 478. Nos contratos de execução continuada ou diferida, se a prestação de uma das partes se tornar excessivamente onerosa, com extrema vantagem para a outra, em virtude de acontecimentos extraordinários e imprevisíveis, poderá o devedor pedir a resolução do contrato. Os efeitos da sentença que a decretar retroagirão à data da citação.

Outra importante teoria revisionista é a Teoria da Base do Negócio Jurídico inaugurada pelo jurista alemão Paul Oertmann que pondera elementos de vieses subjetivos para justificar a modificação ou revisão dos contratos.

Em sua construção doutrinária, o jurista conceitua a base do negócio jurídico da seguinte forma[3]:

> é a representação mental de uma das partes no momento da conclusão do negócio jurídico, conhecida em sua totalidade e não rechaçada pela outra parte ou a comum representação de ambas as partes sobre a existência ou aparição de certas circunstâncias, nas quais se baseia a vontade negocial

Segundo o pensamento de Oertmann, os motivos originais psicológicos que serviram de fundamento para a tomada de decisão da parte no momento da celebração do contrato não podem,

[3] OERTMANN, Paul. Introducción al Derecho civil. Barcelona: Editorial Labor, 1933, p. 305.- Mauricio Mota Disponível em <http://emporiododireito.com.br/leitura/a-base-objetiva-do-negocio-juridico-compreendida-em-detalhes-em-uma-analise-contratual-por-mauricio-mota> Acesso em 21.jun. 2018.

de forma alguma, serem desconsiderados. Por isso, sua tese é considerada a Teoria da Base Subjetiva do Negócio Jurídico[4].

Por fim, vale mencionar também a Teoria da base Objetiva do Negócio Jurídico que é uma construção doutrinária do posicionamento do filósofo e jurista alemão Karl Larenz.

Na lição do jurista, o termos pactuados em um contrato devem ser revistos "quando a relação de equivalência entre prestação e contraprestação, que se presume, se tenha destruído em tal medida que não se possa falar racionalmente em uma contraprestação"[5].

Assim, no momento em que prestação e contraprestação passam a não mais guardar proporção, há a quebra da base objetiva do negócio jurídico dando ensejo à revisão do contrato visando o reestabelecimento do equilíbrio original.

Feita essa sucinta abordagem dos aspectos de formação e dos elementos essenciais dos negócios jurídicos, bem como das principais teorias que conferem embasamento para motivar alterações nos pactos visando o reestabelecimento do equilíbrio contratual, cabe neste momento adentrar a seara dos contratos de garantia de alienação fiduciária.

3. Natureza Jurídica da Alienação Fiduciária

A alienação fiduciária[6] surgiu no Brasil na década de 1960, época em que houve diversas mudanças econômicas decorrentes das recessões que ocorreram no país, o que levou o governo brasileiro a procurar um plano de ação econômica para conter a inflação.

[4] Menezes Cordeiro, Antônio Manuel da Rocha e. A boa-fé no direito civil. Coimbra: Almedina, 2007, p. 1033)

[5] Larenz, Karl. Base Del Negocio Jurídico e Cumplimento de los Contratos; Tradução: Carlos Fernández Rodríguez; Madri: Editorial Revista de Derecho Privado, 2002. P.159;

[6] Fidúcia, confiar, do latim FIDERE "acreditar" que deriva de FIDES, "fé"

Contudo, somente com o advento da lei 4.728/1965 (posteriormente alterada pela Lei nº 10.931/04) é que a ideia de alienação fiduciária foi legalmente estabelecida como garantia real nos contratos de abertura de crédito para financiamento direto ao consumidor na aquisição de utilidades e bens duráveis.

A alienação fiduciária em garantia é a denominação que se deu aos negócios fiduciários cuja finalidade é a de garantir o adimplemento de uma obrigação principal.

Este negócio tem natureza de contrato acessório na medida em que existe um contrato principal em que são partes o credor e o devedor e este, por sua vez, transmite a propriedade de determinado bem ou direito ao credor de modo a garantir o cumprimento da obrigação contratada no negócio principal.

Nesse sentido, Fabio Ulhôa Coelho se posiciona:

> Por alienação fiduciária entende-se aquele negócio em que umas das partes (fiduciante), proprietário de um bem, aliena-o em confiança para a outra (fiduciário), a qual se obriga a devolver-lhe a propriedade do mesmo bem nas hipóteses delineadas em contrato.
>
> Destaca-se a sua natureza instrumental, isto é, a alienação fiduciária será sempre um negócio-meio a propiciar a realização de um negócio-fim. A função econômica do contrato, portanto, pode estar relacionada à viabilização da administração do bem alienado, da subsequente transferência do domínio a terceiros ou, em sua modalidade mais usual, à garantia de dívida do fiduciante em favor do fiduciário. (Sem grifos no original). [7]

Analisando mais a fundo o instituto da alienação fiduciária, é possível destacar dois elementos marcantes:

i. O primeiro de natureza real, pelo qual se efetiva a transmissão do direito ou da propriedade e

[7] COELHO, Fabio Ulhoa – Manual de Direito Comercial – 2014 –Ed. Saraiva- pg 514

ii. outro segundo de natureza obrigacional que está relacionado à restituição do bem transmitido, logo após tenha sido atingido o objetivo do contrato.

A garantia de alienação fiduciária nada mais é do que um contrato de efeitos reais que objetiva constituir direito acessório de garantia, de acordo com o qual se transfere ao credor (fiduciário) a propriedade resolúvel, assim como a posse indireta de um bem, com a finalidade de garantir o cumprimento da obrigação principal pelo devedor (fiduciante).

Melhim Namem Chalhub explica:

> Ao ser contratada a alienação fiduciária, o devedor-fiduciante transmite a propriedade ao credor-fiduciário e, por esse meio, demite-se do seu direito de propriedade; em decorrência dessa contratação, constitui-se em favor do credor-fiduciário uma propriedade resolúvel; por força dessa estruturação, o devedor-fiduciante é investido na qualidade de proprietário sob condição suspensiva, e pode tornar-se novamente titular da propriedade plena ao implementar a condição de pagamento da dívida que constitui objeto do contrato principal.[8]

Com isso, tem-se conceitualmente uma diferença bastante clara entre os direitos do credor em decorrência da propriedade fiduciária e os direitos do credor oriundos da propriedade resolúvel do bem objeto da garantia. Marta Borsoi, elucida:

> (...) na propriedade resolúvel, o proprietário possui todas as faculdades atribuídas à propriedade plena, que encontra-se limitada tão só pela condição resolutiva. Já na propriedade fiduciária, enquanto perdurar a obrigação principal de que é acessória

[8] CHALHUB, Melhim Namem. Negócio Fiduciário. Rio de Janeiro – São Paulo: Renovar, 2000, 2ª ed. Pág.222

a garantia, o fiduciário não possui todas as faculdades inerentes à propriedade, inclusive não podendo se apropriar do bem no caso de inadimplemento da obrigação, uma vez que está obrigado a proceder a venda da coisa para satisfação do seu crédito[9].

Diante disso, dado que a função do contrato de garantia de alienação fiduciária, como contrato acessório, nada mais é do que garantir o cumprimento do contrato principal, a consequência lógica do seu inadimplemento é a possibilidade do credor executar a garantia e levar a cabo a expropriação efetiva do bem do devedor de modo a incorporar em seu patrimônio os frutos da liquidação desse ativo ou mesmo o próprio bem em si[10].

Para tanto, o Código Civil e a legislação específica sobre a alienação fiduciária estabelecem tratamentos diferentes dependendo da natureza do ativo recebido em garantia.

3.1. Alienação Fiduciária de Bens Móveis

Tanto a lei que disciplina o Mercado de Capitais quanto o próprio Código Civil abarcam disposições que regulamentam a garantia de alienação fiduciária de bens móveis.

Ao escolher um bem móvel infungível para garantia da dívida, o credor está sujeito às determinações do artigo 1.361 do Código Civil devendo se atentar às formalidades que devem ser performadas para que a garantia seja devidamente formalizada.

Especificamente no caso dos bens móveis que, via de regra, não possuem um repositório de registros públicos dedicado exclusivamente para cada tipo de bem (ao contrário bens imóveis cujas matrículas são registradas nos cartórios de registro de imóveis) é fundamental que haja o registro do instrumento

[9] Borsoi, Marta. A Alienação Fiduciária em Garantia no Direito Brasileiro. Estudos do Instituto do Conhecimento AB nº 3. Ed. Almedina, 2015.
[10] Observados os procedimentos legais para tanto, inclusive, a vedação legal ao pacto comissório.

garantia perante o cartório de Registro de Títulos e Documentos tanto para cumprir um pré-requisito formal de validade e eficácia da garantia tanto para lhe atribuir efeitos Erga Omnes e opô-los perante terceiros.

Nesse sentido o artigo 1.361 do Código Civil *in verbis*:

> Art. 1.361. Considera-se fiduciária a propriedade resolúvel de coisa móvel infungível que o devedor, com escopo de garantia, transfere ao credor.
>
> § 1º Constitui-se a propriedade fiduciária com o registro do contrato, celebrado por instrumento público ou particular, que lhe serve de título, no Registro de Títulos e Documentos do domicílio do devedor, ou, em se tratando de veículos, na repartição competente para o licenciamento, fazendo-se a anotação no certificado de registro.
>
> § 2º Com a constituição da propriedade fiduciária, dá-se o desdobramento da posse, tornando-se o devedor possuidor direto da coisa.
>
> § 3º A propriedade superveniente, adquirida pelo devedor, torna eficaz, desde o arquivamento, a transferência da propriedade fiduciária.

A discussão do registro da garantia é tão importante que a construção jurisprudencial caminhou no sentido de questionar qual cartório seria o competente para realizar o registro do instrumento de garantia.

O entendimento consolidado no estado de São Paulo, é que o registro da alienação fiduciária deve ser feito no cartório do domicílio do devedor e a questão acabou sumulada pelo Tribunal de Justiça local.

> Súmula 60 TJ/SP. A propriedade fiduciária constitui-se com o registro do instrumento no registro de títulos e documentos do domicílio do devedor.

Ao fazer o registro da garantida, muito embora o credor se torne o proprietário fiduciário da garantia, o devedor se mantém na posse direta do bem e tem o dever de mantê-lo nas condições em que sem encontrava no momento da contratação.

Em caso de inadimplemento do crédito, o credor deverá ajuizar ação de busca e apreensão[11] para que, com a salvaguarda do judiciário, possa executar a sua garantia e se reintegrado na posse direta do bem móvel.

Neste ponto, vale comentar que o Código Civil brasileiro estabelece expressão vedação expressão o pacto comissório[12].

Portanto, após a expropriação do bem dado em garantia o credor tem a obrigação de promover a venda do ativo, para que com os frutos da venda consiga adimplir o crédito. Na sequência, após deduzidas as despesas de cobrança, deve entregar o saldo residual da venda, se houver, ao devedor.

De outro lado, a Lei nº 4.728/65 que disciplina o Mercado de Capitais e admite a alienação fiduciária de bem móvel **fungível** e a cessão fiduciária de direitos sobre coisas móveis.

A supracitada lei, em seu artigo Art. 66-B §3º, possibilita que o objeto da garantia fiduciária seja, por exemplo, um título de crédito.

Nessas hipóteses, a propriedade fiduciária em muito se assemelha com os casos garantidos por bens móveis infungíveis, com a diferencia primordial de que, no caso dos bens infungíveis, tanto a posso direta quanto a posse indireta do objeto da propriedade fiduciária é atribuída ao credor, que, em caso de inadimplemento ou mora da obrigação garantida, poderá satisfazer o seu crédito liquidando os ativos observando os mesmos requisitos supracitados de vedação do pacto comissório.

Interessante mencionar também uma outra modalidade de bem móvel que a lei específica atribui a possibilidade figurar

[11] Confirme estabelece o Decreto-Lei nº 911/1969

[12] Artigos 1.364, 1.365 e 1.428 do Código Civil/2002

como objeto de garantia fiduciária. É o caso da cessão fiduciária de direitos creditórios de recebíveis contratos de venda de imóveis.

Esse tipo de garantia foi implementado pelo texto da Lei nº 9.514/97 com o espírito de promover o fomento do Sistema de Financiamento Imobiliário e consequentemente da atividade empresas de construção civil e instituições financeiras que exercem função importante para o desenvolvimento habitacional.

Essa mesma lei, trouxe a regulamentação garantia de alienação fiduciária de bens imóveis que é a modalidade de garantia real mais usual e a mais polêmica do mercado de crédito. Exatamente por isso é objeto do presente estudo.

3.2. Alienação Fiduciária de Imóveis

A supracitada Lei nº 9.514/97 que dispõe sobre o Sistema de Financiamento Imobiliário (SFI) também carrega o conteúdo normativo que dita os procedimentos de constituição da garantia e execução dos imóveis objeto da alienação fiduciária.

De início, interessante pontuar que muito embora a alienação fiduciária de imóveis seja mais comum em operações do mercado de crédito no contexto do SFI, ela vem sendo cada vez mais utilizada nas concessões de crédito corporativos tomados por empresas junto a instituições financeiras.

A alienação fiduciária de imóveis, assim como as demais modalidades garantias fiduciárias, mas diferentemente das garantias reais tradicionais como a hipoteca, implica na transferência da propriedade do bem objeto da garantia do devedor ao credor de modo que o credor proprietário fiduciário fica com a posse indireta do imóvel e o devedor fiduciante com a posse direta do bem.

Nesse sentido, assim como ocorre com os bens móveis, é celebrado negócio jurídico em que o credor fiduciário se torna proprietário resolúvel do bem dado em garantia, propriedade essa sujeita à condição resolutiva consubstanciada no pagamento da dívida pelo devedor fiduciante.

Resumidamente, para que a alienação fiduciária do imóvel seja considerada "bem constituída", a lei estabelece uma série de critérios de cunho formal que são tratados como requisitos essenciais para constituição da garantia.

O primeiro critério que vale menção, é a necessidade de observância às cláusulas essenciais que tratam o artigo 24 da Lei nº 9.514/97 que são requisitos de validade dessa modalidade de contrato. É necessário constar:

i. o valor do principal da dívida
ii. o prazo e condições de pagamento
iii. a taxa de juros e os encargos incidentes
iv. descrição do imóvel
v. cláusula que permite a utilização do imóvel pelo fiduciante, enquanto adimplente da obrigação creditícia.
vi. indicação do valor do imóvel para efeito de venda em leilão e dos critérios de revisão do referido valor
vii. cláusula indicando procedimentos de que trata o artigo 27 da Lei (consolidação da propriedade nas mãos do credor fiduciário)

O outro ponto importante de mencionar com relação aos atos constitutivos da garantia é que, apesar da Lei nº 9.514/97 oferecer a possibilidade das partes celebrarem o instrumento de garantia por meio de escritura pública ou de instrumento particular registrado perante o cartório registro de títulos e documentos, o fato é que o principal requisito de validade e eficácia da alienação fiduciária de imóveis é a realização do registro do instrumento de garantia na matrícula do imóvel perante o cartório de registro de imóveis competente.[13]

[13] Lei nº 9.514/97 – Art. 23. Constitui-se a propriedade fiduciária de coisa imóvel mediante registro, no competente Registro de Imóveis, do contrato que lhe serve de título.

Uma vez realizado o pagamento regular da dívida e dos respectivos encargos[14], resolve-se a propriedade fiduciária em favor do devedor fiduciante.

Em até 30 dias da data do pagamento da dívida, o credor deverá outorgar o respectivo termo de quitação que, por sua vez, deverá ser levado a registro perante o cartório de registro de imóveis onde se encontra registrada a matrícula do imóvel objeto da garantia e, consequentemente, será dado a baixa na averbação da alienação fiduciária na matrícula.

Entretanto, uma vez vencida a dívida e **não paga** pelo devedor, o contrato é considerado inadimplido, situação que autoriza o credor e iniciar o procedimento de execução da garantia.

No caso específico da alienação fiduciária de imóveis, diferentemente das demais modalidades de garantia real, a lei prevê um rito extrajudicial a ser realizado perante o próprio cartório de registro de imóveis (CRI) com o objetivo de executar a garantia e expropriar o imóvel do devedor inadimplente.

Uma vez instaurado o procedimento de execução da garantia pelo credor, o CRI realiza a intimação pessoal do devedor para purgar a mora no prazo de 15 dias, devendo pagar, além das prestações vencidas, os juros convencionais, as penalidades e os demais encargos contratuais, legais contribuições condominiais, além de despesas de cobrança e intimação.[15]

Intimado o devedor e permanecendo inerte, proceder-se-á a averbação da consolidação da propriedade em nome do credor fiduciário.

Ato contínuo, lembrando da já comentada vedação ao pacto comissório no direito brasileiro, o próximo passo do procedimento de execução da garantia fiduciária é, em regra, a realização de leilões públicos para venda o imóvel.

[14] Lei nº 9.514/97 – Art. 25. Com o pagamento da dívida e seus encargos, resolve-se, nos termos deste artigo, a propriedade fiduciária do imóvel.

[15] Lei nº 9.514/97 – Art. 26.

Os leilões do imóvel só serão dispensados se o devedor fiduciante, mediante a anuência expressa do credor, realizar uma dação em pagamento do seu direito eventual ao imóvel em quitação à dívida garantida.[16]

Prosseguindo o rito dos leilões, será contratado leiloeiro e designada data para leilão em 1ª praça onde será aceito o maior dos lances ofertados, desde **que igual ou superior ao valor do imóvel**. Para o fim a que se presta essa disposição, o valor do imóvel é aquele convencionado no instrumento de garantia que, via de regra, corresponde ao valor de mercado do imóvel determinado pelas partes, normalmente com respaldo de um laudo de avaliação independente, no momento da constituição do crédito.

Aqui vale fazer um primeiro adendo e chamar atenção para um ponto controvertido que será objeto de discussão do presente estudo. O fato da lei estabelecer o valor do imóvel como o valor mínimo para arrematação em 1ª praça, trouxe à tona uma problemática relevante com relação aos imóveis que, por qualquer motivo, vieram a sofrer desvalorizações ou depreciações desde a época da concessão do crédito. Esse assunto será abordado e melhor explorado nos tópicos seguintes.

Prosseguindo no caminho da execução da garantia, sendo o 1º leilão infrutífero, será contado um prazo de 15 dias para realização de uma 2ª praça em que o valor do lance vencedor deverá ser igual ou maior que o valor da dívida, das despesas, dos prêmios de seguro, dos encargos legais, inclusive tributos, e das contribuições condominiais[17].

Caso o leilão em 2ª praça seja frutífero, o credor entregará ao devedor a importância que sobejar, se for o caso, considerando-se nela compreendido o valor da indenização de benfei-

[16] Lei nº 9.514/97 – Art. 26.§8º

[17] Lei nº 9.514/97 (§ 2º, do art. 27 e incisos I e II, do § 3º, do art. 27).

torias, depois de deduzidos os valores da dívida e das despesas e encargos.

3.3. Outorga de Termo de Quitação da Dívida

Entretanto, caso o leilão em 2ª praça seja infrutífero, ou seja, se o maior lance oferecido não for igual ou superior ao valor da dívida, o credor – que a esta altura do processo extrajudicial de execução da garantia fiduciária já está com a propriedade do imóvel consolidada em seu patrimônio – se mantém como proprietário do imóvel e é obrigado a outorgar **quitação da dívida** ao devedor no prazo de 5 dias contados da data do segundo leilão[18].

Essa obrigação do credor, atribuída pela lei, de exonerar o seu devedor do pagamento de sua dívida após a consolidação da propriedade do imóvel, é uma questão que, em princípio, está decidida pelo Superior Tribunal de Justiça [19]

> Consoante a jurisprudência assente desta Corte Superior, nas hipóteses de inadimplemento do devedor em contrato de alienação fiduciária em garantia de bens imóveis, **a quitação da dívida deve se dar na forma dos arts. 26 e 27 da Lei n. 9.514/1997**, que constitui norma posterior e mais específica do que o Código de Defesa do Consumidor, afastando-se, por consequência, a regra genérica e anterior prevista no art. 53 do CDC.

Entretanto, apesar do entendimento ter sido consolidado pelo STJ, os credores de modo geral se mantiveram inconformados com a disposição legal que os obriga a dar quitação da dívida ao devedor após a consolidação da propriedade da garan-

[18] Lei nº 9.514/97 (§ 5º e § 6º do art. 27).

[19] STJ. Agravo em Recurso Especial nº 1.289.693 – SP (2018/0106553-4). Relator Ministro Lázaro Guimarães. (Convocado do TRF 5ª Região) Data da Publicação 18 de junho de 2018.

tia porque, em muitos casos, os imóveis haviam se depreciado ou desvalorizado desde a época da concessão do crédito.

Ou seja, após a expropriação do imóvel pelo valor de mercado atual, ainda haveria um *saldo residual* de crédito do qual o credor se veria legalmente impedido de cobrar por ter sido forçado a oferecer o termo de quitação da dívida ao seu devedor.

A partir desse inconformismo dos credores, alguns movimentos interessantes passaram a ocorrer.

4. Aspectos Controversos da Alienação Fiduciária de Imóveis

Daqui em diante, serão objeto de abordagem não apenas a reação da jurisprudência e da legislação aos embates suscitados pelos credores em enfrentamento à questão da obrigatoriedade da outorga de quitação ao devedor (ainda que haja saldo residual de crédito), mas também serão expostos os principais problemas que credores ainda enfrentam no momento da execução da sua garantia.

4.1. Eleição da Via Judicial para Execução da Alienação Fiduciária

Diante do parecer do STJ favorável à disposição legal que obriga o credor a outorgar quitação da dívida quando utiliza do procedimento *extrajudicial* de execução da garantia perante o cartório de registro de imóveis, como consequência lógica, os credores passaram a escolher a via judicial para levar a cabo a realização da sua garantia.

Muito embora o ajuizamento de ações de execução de título extrajudicial seja um procedimento mais moroso e custoso, tem sido essa a opção de alguns credores.

Isso porque, por esta via, o credor pode se valer do rito processual da execução para registrar a sua penhora e, o mais importante, tem a oportunidade de realizar uma avaliação judicial do imóvel para que ele seja leiloado ou adjudicado pelo valor de marcado atual e, se este valor não for suficiente para fazer frente ao valor total da dívida atualizada, ainda poderá aproveitar o processo de execução já instaurado para cobrar o saldo residual de seu crédito.

Por outro lado, os devedores, em suas defesas, passaram a sustentar que o credor deveria ser obrigado a optar pelo procedimento expropriatório por via extrajudicial, conforme determina a Lei nº 9.514/97.

Ressaltam os devedores que ao escolher a execução judicial, o credor está impondo ao devedor um procedimento muito mais gravoso, que seria vedado pelo art. 805 do Código de Processo Civil (CPC).

Tal argumentação, entretanto, não vem sendo suficiente para convencer os tribunais de que é de fato uma *faculdade do credor* levar ao judiciário a cobrança do seu crédito e, consequentemente, a execução da sua garantia, conforme expõe o Des Plinio Novaes de Andrade Júnior:

> A garantia imobiliária estipulada na Cédula de Crédito Bancário pode ser ou não executada a critério do credor, tratando-se de sua faculdade. Em outras palavras, muito embora a Cédula de Crédito Bancário tenha estipulado garantia imobiliária, **é faculdade do credor optar por executar a referida garantia ou adotar outros meios de cobrança**. Não há, ao contrário do que defende o executado, obrigação legal de primeiro executar a garantia para somente então se poder cobrar eventual saldo devedor[20].

Mais recentemente, o Des. Thiago de Siqueira corrobora com esse entendimento e complementa. No seu entendimento,

[20] TJSP: Embargos de Declaração 2094164-35.2014.8.26.0000; Relator (a): Plinio Novaes de Andrade Júnior; Órgão Julgador: 24ª Câmara de Direito Privado; Foro Central Cível – 30ª Vara Cível; Data do Julgamento: 26/02/2015; Data de Registro: 27/02/2015).

embora haja o procedimento específico de execução extrajudicial no caso de dívida garantida por alienação fiduciária, nos termos da a Lei nº 9.514/97, não existe qualquer óbice ao exequente de optar pela execução prevista no Código de Processo Civil, uma vez que dispõe de título hábil para tanto, atrelado a esta garantia, tendo livre acesso ao judiciário, inexistindo em referida lei qualquer vedação expressa à utilização da via judiciária para cobrança da dívida que conta com esta garantia.[21]

Esta opção, inclusive, encontra amparo no artigo 39, inc. II, da referida Lei, ao assentar que às operações de crédito compreendidas no sistema de financiamento imobiliário, aplicam-se as disposições do Decreto-Lei 70/66[22] que, por sua vez, dispõe sobre o procedimento de execução de créditos garantidos por hipoteca.

Ademais, a eleição da via judicial pelo credor afigura-se, até mesmo, mais vantajosa ao devedor, por lhe permitir a apresentação de defesa por meio de embargos, podendo exercer amplamente seu direito de defesa em juízo, inclusive com a produção de provas, se necessário, o que não é possível no âmbito do procedimento extrajudicial.

Dessa maneira, não há nenhum prejuízo ao devedor, não havendo de se falar, por isso, em ofensa ao art. 805 do CPC.

Com este entendimento cada vez mais consolidado e sendo cada vez mais comum a utilização dos processos judiciais para que os credores executem suas garantias, surgiu uma questão para a qual os credores devem ter atenção.

[21] TJSP: Agravo de Instrumento 2208468-42.2017.8.26.0000; Relator (a): Thiago de Siqueira; Órgão Julgador: 14ª Câmara de Direito Privado; Foro Central Cível – 28ª Vara Cível; Data do Julgamento: 11/04/2018; Data de Registro: 12/04/2018)

[22] Decreto-Lei 70, de 21 de novembro de 1966 – Artigos 29 a 41.

4.2. Penhora dos Direitos Aquisitivos do Devedor Fiduciante

Seguindo o rito de expropriação da garantia pelo procedimento judicial, um dos pré-requisitos é a o registro da penhora na matrícula do imóvel.

Entretanto, como exposto nos tópicos iniciais deste trabalho, a garantia de alienação fiduciária implica, necessariamente, em transferência da propriedade (resolúvel) do bem para o credor.

Nesse sentido, no momento que o credor executa a garantia por meio de processo judicial, se mostra conceitualmente incoerente e juridicamente incorreto que o credor penhore o bem objeto da sua garantia porque, tecnicamente, o mesmo já é de sua propriedade.

Foi este, inclusive, o entendimento da Desembargadora Claudia Sarmento Monteleone:

> De fato, **incoerente é o requerimento da penhora de bem que é de propriedade do próprio exequente**. De acordo com o instituto da alienação fiduciária, a propriedade do bem mantém-se com o agente fiduciário, enquanto o devedor fiduciante detém a posse direta.[23]

Com isso, dado que numa ação de execução o credor deve, necessariamente, penhorar algum bem ou direito que seja de propriedade do devedor, como então proceder?

De acordo com a Lei 9.514/97[24] na celebração de um contrato de alienação fiduciária de imóvel o que sobra ao devedor (até que o crédito seja completamente adimplido) nada mais é do que o direito a eventual valor que sobejar da venda do imóvel nos leiloes previstos na lei.

[23] TJSP; Agravo de Instrumento 2029058-58.2016.8.26.0000; Relator: Claudia Sarmento Monteleone; 17ª Câmara de Direito Privado; Data do Julgamento: 15/09/2016

[24] Lei 9.514/97 – Art. 27, § 4º

Isto é, como alternativa a impossibilidade de penhora do imóvel em si, pode o credor requerer a penhora dos chamados "direitos aquisitivos do devedor fiduciante" para dar continuidade e legitimidade jurídica ao procedimento de expropriação judicial do bem.

Vale mencionar que a possibilidade de penhora desses direitos encontra previsão no Código de Processo Civil, artigo 835, inciso XII, que expressamente permite essa modalidade de constrição. *In verbis*:

> Art. 835 A penhora observará, preferencialmente, a seguinte ordem:
>
> (...)
>
> XII – direitos aquisitivos derivados de promessa de compra e venda e de alienação fiduciária em garantia;

Nesse sentido, a tese de penhora dos direitos do devedor fiduciante encontra guarida também em julgados proferidos pelo Superior Tribunal de Justiça:

> PROCESSUAL CIVIL E TRIBUTÁRIO. AGRAVO REGIMENTAL NO RECURSO ESPECIAL. EXECUÇÃO FISCAL. PENHORA. SUBSTITUIÇÃO. RECUSA PELA FAZENDA. ALIENAÇÃO FIDUCIÁRIA. CONTRATO. DIREITOS. POSSIBILIDADE. 1. Esta Corte firmou o entendimento de que, conquanto seja possível a penhora ou mesmo a substituição de bens penhorados, a Fazenda Pública pode recusar essa nomeação quando não se trata de substituição por depósito em dinheiro ou fiança bancária. Desse modo, não é razoável autorizar a substituição da penhora de imóveis por bens móveis, devendo ser aceita a recusa da exequente. 2. *"O bem alienado fiduciariamente, por não integrar o patrimônio do devedor, não pode ser objeto de penhora. Nada impede, contudo, que os direitos do devedor fiduciante oriundos do contrato sejam constritos."* (REsp 679821/DF, Rel. Min. Felix Fisher, Quinta

Turma, unânime, DJ 17/12/2004, p. 594). 3. Agravo regimental a que se nega provimento.[25]

PROCESSUAL CIVIL. RECURSO ESPECIAL. ALIENAÇÃO FIDUCIÁRIA. PENHORA. BEM DADO EM GARANTIA DO CONTRATO. POSSIBILIDADE. RECURSO PARCIALMENTE PROVIDO. I. "Se o credor optar pelo processo de execução, *os bens objeto do contrato de alienação fiduciária em garantia podem ser indicados pelo devedor para a penhora*" (REsp 448.489/RJ, Rel. Min. Ruy Rosado de Aguiar, Quarta Turma, Unânime, DJ: 19/12/2002, p. 376). II. Recurso especial conhecido em parte e provido.[26]

Aprofundando a pesquisa jurisprudencial sobre o tema, vale trazer a baila um caso específico em que, com a devida vênia, me parece ter sido tratado de forma juridicamente imprecisa pelo Tribunal de Justiça de São Paulo.

Trata-se de uma ação de execução ajuizada pelo Banco Industrial Brasil S.A. contra o seu devedor Rebuilding Comércio e Assessoria Empresarial Ltda em trâmite pela 21ª Vara Cível de São Paulo.

Neste caso específico, o exequente é detentor de garantia fiduciária de imóvel e optou pelo procedimento judicial para expropriação da sua garantia.

Ao invés de requerer a penhora dos direitos do devedor fiduciante, o banco exequente pediu a penhora do próprio imóvel recebido em alienação fiduciária, que foi, a meu ver, equivocadamente deferida pelo juiz:

O credor fiduciante tem a faculdade, de acordo com sua conveniência e oportunidade, de buscar a satisfação de seu crédito pelo

[25] AgRg no REsp 1459609/RS, 2ª Turma, relator Ministro OG Fernandes, julgado em 11/11/2014.

[26] STJ REsp 838.099/SP – Relator Ministro Aldir Passarinho Junior – Quarta Turma Data do Julgamento: 26/10/2010 Data da Publicação/Fonte: DJe 11/11/2010)

procedimento extrajudicial previsto em lei ou pelo ajuizamento da execução, no caso, tendo o exequente optado pela segunda hipótese. Não se olvidem os executados que a opção do exequente amplia o exercício da defesa dos devedores, já que todos os atos processuais são determinados pelo Juízo, ordinariamente após o contraditório. O mesmo não ocorre no procedimento extrajudicial. No caso em comento, o exequente, ao que parece sabedor da insuficiência da garantia, ajuizou a presente execução e *requereu a penhora sobre bens diversos, pretensão deferida por este Juízo.*[27]

A penhora foi registrada na matrícula do imóvel e o juiz deferiu a adjudicação em favor do credor.

Irresignado, o devedor confrontou o juízo tentando impedir a penhora e consequentemente a adjudicação do bem. O juiz manteve seu posicionamento:

> Conforme já exposto por este Juízo na decisão e fls.1.361/1362, regular a execução com fundamento em CCB, inclusive com alienação fiduciária em garantia, *inexistindo, na hipótese, irregularidade na adjudicação dos bens imóveis e no prosseguimento da execução pelo resíduo.*[28]

O devedor levou a questão ao Tribunal de Justiça de São Paulo que surpreendentemente manteve a decisão de primeira instância, não sanando o erro técnico do juízo *a quo* que permitiu que o credor penhorasse um bem do qual já era proprietário por meio da alienação fiduciária.

> (...) nada impede que o credor, relegando os ritos especiais opte pelo procedimento executório previsto no Código de Processo Civil, posto que portador de título executivo extrajudicial,

[27] Ação de Execução nº 0157878-96.2011.8.26.0100 – 21ª Vara Cível de São Paulo

[28] Ibidem.

> a cédula de crédito bancário, com garantia da alienação fiduciária, desde que se constate o inadimplemento do devedor, *incidindo a penhora sobre o imóvel objeto da garantia fiduciária*, seguindo-se todos os trâmites legais da execução comum, possibilitando-se, inclusive, os embargos[29].

Sem prejuízo, do caso específico relatado acima, parece que a eleição da via judicial é um ponto relativamente seguro ao credor do ponto de vista procedimental.

Entretanto, do ponto de vista da natureza da garantia, a não utilização do procedimento extrajudicial abriu um outro flanco argumentativo para outros credores do mesmo devedor questionarem a eficácia da garantia, o que nos leva ao próximo ponto polêmico da execução da alienação fiduciária.

4.3. Perda da Eficácia da Alienação Fiduciária

É fato que a lei confere ao credor detentor da garantia de alienação fiduciária um privilégio superior a todas as classes de credores por conta da transferência da propriedade do bem.

Com isso, excetuando-se as dívidas *propter rem* que naturalmente acompanham o imóvel, o credor com garantia de alienação fiduciária de imóvel, numa situação de recuperação judicial do devedor por exemplo, é privilegiado em relação a todos os demais, incluindo credores trabalhistas e o próprio fisco.

Como o ajuizamento de uma ação de execução para execução da garantia, apesar de todo o estudo demonstrado acima, em princípio, seria um rito estranho ao determinado pela lei, tanto o devedor quanto os outros credores concorrentes inau-

[29] TJSP: Agravo de Instrumento 2098634-75.2015.8.26.0000; Relator (a): Fernandes Lobo; Órgão Julgador: 22ª Câmara de Direito Privado; Foro Central Cível – 21ª Vara Cível; Data do Julgamento: 22/10/2015; Data de Registro: 24/10/2015

guraram uma linha argumentativa com o objetivo de derrubar a eficácia da alienação fiduciária.

Para estes, o fato do credor fiduciário ter escolhido o procedimento judicial de execução da garantia, sem observar o procedimento extrajudicial previsto em lei, significa que renunciou tacitamente à sua garantia de alienação fiduciária.

Com isso, estes demais credores oportunistas alegam que o credor, originalmente detentor da alienação fiduciária, teria perdido o seu privilégio em relação ao demais e, portanto, deveria concorrer com as demais penhoras registradas na matrícula do imóvel e se sujeitar à ordem de chegada representada pela data do registro de cada penhora.

O devedor também aproveita para tentar se beneficiar de alguma forma.

Nas situações em que o devedor é uma empresa em recuperação judicial, por exemplo, ao notar que o credor detentor de alienação fiduciária, que por natureza é um credor extraconcursal, ajuizou uma ação de execução para cobrar sua garantia, não é raro observar a empresa devedora alegando que o credor teria renunciado à sua garantia e que, por conseguinte, deveria se sujeitar ao concurso de credores na recuperação judicial como um credor quirografário.

Ora, tais alegações se mostram, a meu ver, completamente irrazoáveis. Corroborando com essa percepção, o Superior Tribunal de Justiça se manifestou no sentido de que a renúncia à garantia de alienação fiduciária pelo credor deve ser *expressa*:

> RECURSO ESPECIAL. RECUPERAÇÃO JUDICIAL. ALIENAÇÃO FIDUCIÁRIA EM GARANTIA. CRÉDITO NÃO SUJEITO AOS EFEITOS DA RECUPERAÇÃO DA DEVEDORA. ART. 49, § 3º, DA LEI Nº 11.101/2005. EXECUÇÃO EXTRAJUDICIAL. PEDIDO DE PENHORA ON LINE. RENÚNCIA À GARANTIA FIDUCIÁRIA. INOCORRÊNCIA.

> 1. A norma de regência da recuperação judicial, apesar de estabelecer que todos os créditos existentes na data do pedido, ainda que não vencidos, estejam sujeitos à recuperação judicial (LRE, art. 49, caput), também preconiza, nos §§ 3º e 4º do dispositivo, as exceções que acabam por conferir tratamento diferenciado a determinados créditos, normalmente titulados pelos bancos, afastando-os dos efeitos da recuperação, justamente visando conferir maior segurança na concessão do crédito e diminuindo o spread bancário:
>
> 2. *A renúncia à garantia fiduciária deve ser expressa, cabendo, excepcionalmente, a presunção da abdicação de tal direito* (art. 66-B, § 5º, da Lei 4.728/1965 c/c art. 1.436 do CC/2002).
>
> 3. Na hipótese, não houve renúncia expressa nem tácita da garantia fiduciária pelo credor, mas sim, em razão das circunstâncias do caso, como medida acautelatória, pedido de penhora do ativo até que as garantias fossem devidamente efetivadas.
>
> 4. Recurso especial não provido.[30]

Além disso, nesse ponto vale retomar alguns fundamentos tratados nos tópicos iniciais do presente estudo.

4.4. Garantia Fiduciária como Negócio Jurídico

Com o intuito de defender a manutenção da eficácia e da natureza jurídica da garantia de alienação fiduciária independentemente da via eleita para executá-la, primeiramente, há de se lembrar que, acima de tudo, a garantia fiduciária é um negócio jurídico.

Como negócio jurídico, representado por um contrato acessório de instrumento de garantia, é naturalmente sujeito aos requisitos essenciais de validade e eficácia dos negócios jurídicos.

[30] STJ – RECURSO ESPECIAL Nº 1.338.748 – SP (2011/0294748-1) RELATOR : MINISTRO LUIS FELIPE SALOMÃO

Portanto, preenchidos os elementos essenciais do negócio jurídico sem vícios e inalterada a base objetiva do contrato, não há que se falar em renúncia ou perda de eficácia da garantia seja ela executada judicialmente ou extrajudicialmente.

Ou seja, a forma de execução da alienação fiduciária por si só não tem o condão de declara-la nula, inválida ou ineficaz.

4.5. Efeito Erga Omnes da Garantia Fiduciária

Ainda, fazendo contraponto aos demais credores oportunistas que pretendem dirimir a preferência do credor com alienação fiduciária em favor se seus créditos, importante ressaltar que, independentemente da via eleita para execução da garantia, o registro da garantia na matrícula do imóvel permanece inalterado.

Com o registro da garantia intacto na matrícula do imóvel, é inquestionável a oponibilidade da garantia perante aos terceiros e, consequentemente, a manutenção da preferência do credor garantido pela alienação fiduciária.

4.6. Outorga de Quitação da Dívida – Alteração da Lei nº 9.514/97

Este ponto é especialmente interessante, pois demonstra que os embates argumentativos acerca da alienação fiduciária têm, de fato, o condão de motivar inovações legislativas.

Apenas para recordar, a principal razão dos credores passarem a utilizar o procedimento judicial para execução das suas garantias é o fato do procedimento extrajudicial forçá-los a outorgar a quitação ao devedor após a expropriação do imóvel ainda que haja eventual saldo devedor residual a ser cobrado.

Nesse sentido, após todo o imbróglio jurídico e embate jurisprudencial exposto acima, em 2017 sobreveio a Lei nº 13.476/17 que alterou o art. 27 da Lei 9.514/97 para permitir que, especialmente nos contratos de *Abertura de Limite de Crédito* e seus derivados, o credor efetue a cobrança de eventual saldo remanescente de seu crédito caso, após a execução extrajudicial da sua garantia, o valor obtido com a liquidação do imóvel não fizer frente ao valor atualizado da dívida.

Essa alteração da lei foi extremamente benéfica ao instituto da alienação fiduciária e ao próprio mercado de crédito em si, uma vez que confere mais segurança jurídica a esta modalidade de garantia. Vale conferir seus termos *in verbis*:

> Art. 9º Se, após a excussão das garantias *constituídas no instrumento de abertura de limite de crédito*, o produto resultante não bastar para quitação da dívida decorrente das operações financeiras derivadas, acrescida das despesas de cobrança, judicial e extrajudicial, *o tomador e os prestadores de garantia pessoal continuarão obrigados pelo saldo devedor remanescente*, não se aplicando, quando se tratar de alienação fiduciária de imóvel, o disposto nos §§ 5º e 6º do art. 27 da Lei nº 9.514, de 20 de novembro de 1997.[31]

Ou seja, para os contratos de Abertura de Limite de Crédito garantidos por alienação fiduciária de imóvel, se houver saldo residual de crédito, o credor está exonerado da outorga da quitação da dívida disposta nos §§ 5ª e 6º da Lei 9.514.

Entretanto, apesar da disposição ter sido benéfica para os contratos de abertura de limite de crédito, boa parte das operações de crédito realizadas no mercado não estão abarcadas nessa modalidade.

Na prática, os contratos de mútuo, os contratos de compra e venda e as cédulas de crédito bancário, que normalmente são garantias por alienação fiduciária de imóveis, não se beneficiaram com a alteração da lei.

[31] Lei nº 13.476/2017 – Artigo 9º

No entendimento dos professores Gustavo Tepedino e Marcos Alberto Rocha Gonçalves, em debate durante a VII Jornada de Direito Civil realizada pelo Conselho da Justiça Federal, a regra contida no § 5º do art. 27 da Lei nº 9.514/1997 (outorga de quitação ao devedor) só deveria incidir nas relações de consumo. De acordo com os autores, o referido dispositivo legal:

> (...) consubstancia regra particular, própria para a **tutela de devedor vulnerável, não sendo razoável a sua incidência em relações paritárias**, nas quais deveria prevalecer a disciplina geral das garantias reais, aplicável também à alienação fiduciária de bens móveis. Dada a especificidade da regra especial, que tem por finalidade proteger o contratante vulnerável, notadamente no financiamento imobiliário, sua aplicação poderia ser validamente afastada por contratantes em relações paritárias. Enquanto não prevalecer tal entendimento, parece inevitável o aumento das garantias exigidas, com repercussão negativa para os tomadores de financiamento." (...) "**Afastar-se-ia a regra especial quando se tratar de relações paritárias, desde que as partes assim convencionem**, aplicando-se então a norma constante nos artigos 1.366 e 1.430 do Código Civil, que visa a evitar enriquecimento sem causa. Neste caso, o devedor continuará responsável pelo saldo remanescente, se o valor do imóvel dado em garantia fiduciária não for suficiente para o integral pagamento do credor.[32]

Em que se pese o dispositivo legal e o entendimento da doutrina, esta controvérsia fará parte das sugestões de melhores práticas que serão expostas ao final do presente trabalho.

[32] Gustavo Tepedino e Marcos Alberto Rocha Gonçalves – Artigo VII Jornada de Direito Civil – Disponível em: https://www.conjur.com.br/2016-fev-08/direito-civil-atual-licoes-vii-jornada-direito-civil-tendencias-direito-coisas> Acessado em: 20/06/2018.

4.7. Contrato de Alienação Fiduciária Garantido por mais de um Imóvel

Deste modo, dado que a alteração promovida pelo artigo 9º da Lei nº 13.476/17, não beneficiou diretamente todas as modalidades de contrato (apenas os contratos de abertura de limite de crédito) permanecem algumas controvérsias acerca da necessidade de outorga da quitação.

Existem situações em que o contrato de alienação fiduciária é garantido por dois ou mais imóveis diferentes cujas matrículas se localizam em cartório de registro de imóveis distintos.

Como os cartórios de registro de imóveis brasileiros não obedecem um padrão procedimental e (pelo menos até o momento) não são unificados, existe um problema operacional bastante relevante que faz com que, por vezes, o credor que iniciou os procedimentos de expropriação das garantias em diferentes cartórios seja obrigado a dar quitação ao seu devedor após a consolidação da propriedade de um dos imóveis mesmo que os demais imóveis objeto de garantia ainda não tenham sido consolidados.

Diante desse cenário, houve devedores tentando impedir a consolidação da propriedade dos demais imóveis objeto da garantia por uma questão técnica de outorga da quitação após a consolidação da propriedade do primeiro imóvel.

Felizmente, o Tribunal de Justiça de São Paulo, vem negando a pretensão dos devedores e permitindo a continuidade da expropriação dos demais imóveis objeto da garantia.

> ANTECIPAÇÃO DA TUTELA. **Pleito de sustação da consolidação das propriedades fiduciárias sobre dois imóveis.** Garantias, relativas a diversos bens móveis e imóveis, outorgadas em favor de um grupo de credores que decorreu de complexo negócio jurídico. Interpretação teleológica do art. 26, §5º, da Lei nº 9.514/97 em consonância com a causa do contrato. **Excussão de um dos imóveis que não pode provocar a extinção da tota-**

lidade da dívida e nem a liberação das demais garantias, porquanto a excussão conjunta dos três imóveis rurais, situados em Estados variados da Federação, certamente seria difícil. Recurso desprovido.[33]

Mas mesmo assim, ainda não existe uma disposição legislativa ou contratual que confira a segurança jurídica imediata ao credor de que não será impedido de expropriar todos os imóveis objeto da sua garantia pela via extrajudicial.

4.8. Essencialidade da Garantia no Âmbito da Lei.11.101/05

Por fim, um último ponto polêmico que se pretende abordar no presente trabalho antes de passarmos às conclusões é a questão da declaração do imóvel objeto da alienação fiduciária como bem essencial para atividade do devedor em recuperação judicial.

Como é cediço, o credor fiduciário é, por definição do art. 49, § 3º, da Lei 11.101/05 de Recuperações Judiciais e Falências (LRF), um credor extraconcursal no contexto da recuperação judicial.

Isso significa que o credor é livre para manter os procedimentos de cobrança do crédito e de expropriação da garantia sem precisar se sujeitar ao plano de recuperação judicial proposto pelo devedor[34].

Entretanto, é sabido também que a LRF protege a função social da empresa e, consequentemente, a preservação da sua atividade.

[33] TJSP. Agravo de Instrumento nº 2034093-33.2015.8.26.0000. 1ª Câmara Reservada de Direito Empresarial. Relator Francisco Loureiro. 8/4/2015

[34] "(...) não se permitindo, contudo, durante o prazo de suspensão a que se refere o § 4º do art. 6º desta Lei, a venda ou a retirada do estabelecimento do devedor dos bens de capital essenciais a sua atividade empresarial -Art. 49, §3º Lei 11.101/2005..

Dessa maneira, com a intenção de buscar medidas que possam manter a empresa operando, preservar os empregos dos trabalhadores, respeitar os interesses dos credores e estimular a atividade econômica, a LRF – no mesmo § 3º do artigo 49 – impede que ocorra "a venda ou a retirada do estabelecimento do devedor dos bens de capital essenciais a sua atividade empresarial" durante o prazo de 180 dias de suspensão das demandas executivas após a decisão de defere o processamento da recuperação judicial.

Na prática, para aumentar a beneficiar ainda mais a empresa em recuperação judicial, esse artigo, via de regra, é interpretado de maneira extensiva para que a proteção aos bens essenciais da companhia se prolongue durante todo o processo de recuperação judicial da empresa.

Diante desse entendimento, muitos credores detentores de alienação fiduciária de ativos essenciais à atividade da companhia – como a planta industrial sede da empresa, por exemplo – são impedidos de expropriar suas garantias.

Com isso, os devedores em recuperação judicial aproveitam o ensejo para requerer a sujeição dos credores com alienação fiduciária aos efeitos da recuperação judicial e às disposições do plano de recuperação judicial proposto.

Apesar das alegações dos devedores em recuperação judicial, o Superior Tribunal de Justiça tem manifestado o entendimento de manter os credores com alienação fiduciária *excluídos dos efeitos da recuperação judicial* e do plano de recuperação, mantendo-os como credores de natureza extraconcursal ainda que continuem impedidos de executar a suas garantias que foram consideradas bens essenciais à atividade da companhia. Confira-se o julgado do Ministro Raul Araújo:

> CONFLITO DE COMPETÊNCIA. IMISSÃO DE POSSE NO JUÍZO CÍVEL. ARRESTO DE IMÓVEL NO JUÍZO TRABALHISTA. RECUPERAÇÃO JUDICIAL EM CURSO. CREDOR

TITULAR DA POSIÇÃO DE PROPRIETÁRIO FIDUCIÁRIO. BEM NA POSSE DO DEVEDOR. *PRINCÍPIOS DA FUNÇÃO SOCIAL DA PROPRIEDADE E DA PRESERVAÇÃO DA EMPRESA. COMPETÊNCIA DO JUÍZO DA RECUPERAÇÃO.*

1. Em regra, o credor titular da posição de proprietário fiduciário de bem imóvel (Lei federal n. 9.514/97) não se submete aos efeitos da recuperação judicial, consoante disciplina o art. 49, § 3º, da Lei 11.101/05.

2. Na hipótese, porém, **há peculiaridade que recomenda excepcionar a regra**. É que o imóvel alienado fiduciariamente, objeto da ação de imissão de posse movida pelo credor ou proprietário fiduciário, é aquele em que situada **a própria planta industrial da sociedade empresária sob recuperação judicial, mostrando-se indispensável à preservação da atividade econômica da devedora, sob pena de inviabilização da empresa e dos empregos ali gerados**.

3. Em casos que se pode ter como assemelhados, em ação de busca e apreensão de bem móvel referente à alienação fiduciária, a jurisprudência desta Corte admite flexibilização à regra, permitindo que permaneça com o devedor fiduciante "bem necessário à atividade produtiva do réu" (STJ – Resp 250.190-SP, Rel. Min. Aldir Passarinho Júnior, QUARTA TURMA, DJ 02/12/2002).

4. Esse tratamento especial, que leva em conta o fato de o bem estar sendo empregado em benefício da coletividade, cumprindo sua função social (CF, arts. 5º, XXIV, e 170, III), **não significa, porém, que o imóvel não possa ser entregue oportunamente ao credor fiduciário,** mas sim que, em atendimento ao princípio da preservação da empresa (art. 47 da Lei 11.101/05), caberá ao Juízo da Recuperação Judicial processar e julgar a ação de imissão de posse, segundo prudente avaliação própria dessa instância ordinária.

5. Em exame de conflito de competência pode este Superior Tribunal de Justiça declarar a competência de outro Juízo ou Tribunal que não o suscitante e o suscitado. Precedentes.

> 6. Conflito conhecido para declarar a competência do Juízo da 2ª Vara Cível de Itaquaquecetuba – SP, onde é processada a recuperação judicial da sociedade empresária."[35]

Corroborando com o entendimento, o Ministro Luis Felipe Salomão também se posiciona no sentido de que, ainda que não possa expropriar a sua garantia, o credor permanece sendo extraconcursal podendo perseguir sem credor por outras vias que entender cabíveis.

> "DIREITO EMPRESARIAL. RECUPERAÇÃO JUDICIAL. ALIENAÇÃO FIDUCIÁRIA. CRÉDITO FIDUCIÁRIO INSERIDO NO PLANO DE RECUPERAÇÃO JUDICIAL. IRRELEVÂNCIA. CRÉDITO QUE NÃO PERDE SUA CARACTERÍSTICA LEGAL. AÇÃO DE BUSCA E APREENSÃO. POSSIBILIDADE.
>
> 1. O art. 47 da Lei de Falências serve como um norte a guiar a operacionalidade da recuperação judicial, sempre com vistas ao desígnio do instituto, que é "viabilizar a superação da situação de crise econômico-financeira do devedor, a fim de permitir a manutenção da fonte produtora, do emprego dos trabalhadores e dos interesses dos credores, promovendo, assim, a preservação da empresa, sua função social e o estímulo à atividade econômica".
>
> 2. É de presumir que a empresa que se socorre da recuperação judicial se encontra em dificuldades financeiras tanto para pagar fornecedores e passivo tributário (obtendo certidões negativas de débitos) como para obter crédito na praça em razão do aparente risco de seus negócios; por conseguinte, inevitavelmente, há fragilização em sua atividade produtiva e capacidade competitiva.
>
> 3. Em razão disso é que a norma de regência, apesar de estabelecer que todos os créditos existentes na data do pedido, ainda que

[35] STJ – CC 110.392/SP, Rel. Ministro Raul Araújo, SEGUNDA SEÇÃO, julgado em 24/11/2010, DJe 22/03/2011)

não vencidos, estejam sujeitos à recuperação judicial (LRE, art. 49, caput), também preconiza, nos §§ 3º e 4º do dispositivo, a denominada "trava bancária", isto é, exceções que acabam por conferir tratamento diferenciado a determinados créditos, normalmente titulados pelos bancos, afastando-os dos efeitos da recuperação, justamente visando conferir maior segurança para concessão do crédito e diminuindo o spread bancário.

4. O STJ possui entendimento de que "a novação resultante da concessão da recuperação judicial após aprovado o plano em assembleia é sui generis, e as execuções individuais ajuizadas contra a própria devedora devem ser extintas, e não apenas suspensas" (REsp 1272697/DF, Rel. Ministro Luis Felipe Salomão, QUARTA TURMA, julgado em 02/06/2015, DJe 18/06/2015).

5. Na hipótese, o recorrido, credor fiduciário, apesar de não se sujeitar ao plano de reorganização, acabou sendo nele incluído, tendo o magistrado efetivado sua homologação.

6. Apesar disso, **ainda que o crédito continue a figurar no plano de recuperação judicial devidamente homologado, não se submeterá à novação efetivada nem perderá o direito de se valer da execução individual, nos termos da lei de regência**, para efetivar a busca da posse dos bens de sua propriedade.

7. Isso porque a instituição de tal privilégio (LF, art. 49, § 3º) foi opção legislativa com nítido intuito de conferir crédito para aqueles que estão em extrema dificuldade financeira, permitindo que superem a crise instalada. Não se pode olvidar, ademais, que o credor fiduciário de bem móvel ou imóvel é, em verdade, o real proprietário da coisa (propriedade resolúvel e posse indireta), que apenas fica depositada em mãos do devedor (posse direta) até a solução do débito.

8. Deveras, tais créditos são imunes aos efeitos da recuperação judicial, devendo ser mantidas as condições contratuais e os direitos de propriedade sobre a coisa, pois o bem é patrimônio do fiduciário, não fazendo parte do ativo da massa. **Assim, as condi-**

> **ções da obrigação advinda da alienação fiduciária não podem ser modificadas pelo plano de recuperação, com a sua novação, *devendo o credor ser mantido em sua posição privilegiada*.**
>
> 9. Não se poderia cogitar que o credor fiduciário, incluído no plano de recuperação, teria, por conduta omissiva, aderido tacitamente ao quadro. É que referido credor nem sequer pode votar na assembleia geral, não podendo ser computado para fins de verificação de quórum de instalação e deliberação, nos termos do art. 39, § 1º da LF, sendo que, como sabido, uma das principais atribuições do referido colegiado é justamente o de aprovar, rejeitar ou modificar o plano apresentado pelo devedor.
>
> 10. Recurso especial a que se nega provimento.[36]

Como exposto, este é só mais um dos diversos pontos polêmicos acerca do tema da alienação fiduciária de bens imóveis.

Buscou-se fazer, até aqui, uma abordagem do comportamento jurisprudencial e legislativo acerca dos principais aspectos controvertidos da alienação fiduciária para que, finalmente, seja possível adentrarmos no próximo tópico que é o principal objetivo do presente trabalho: oferecer propostas de soluções contratuais práticas para mitigar os riscos oriundos das controvérsias apresentadas.

5. Proposta de Melhores Práticas para Mitigação de Riscos

As controvérsias abordadas ao longo do presente trabalho apenas reforçam o quanto a garantia de alienação fiduciária é importante no contexto regulatório do mercado de crédito.

Por isso, dada a relevância dessa modalidade de garantia, é extremamente prejudicial que ainda se perpetuem tantas lacunas na legislação e na jurisprudência acerca do tema.

[36] STJ – Resp. 1.207.117 – MG (2010/0145988-8), Rel. Ministro Luis Felipe Salomão

Ao mesmo tempo, há de se convir que ainda não se tem todas as respostas para os questionamentos e embates levantados. Além disso, deve-se ponderar que a consolidação dos melhores entendimentos que levam às devidas inovações legislativas são consequência de longos debates.

Enquanto o aparelho normativo ainda não supre totalmente os anseios das partes envolvidas nesses embates, o mercado experimenta uma enorme insegurança jurídica trazendo prejuízo para credores e devedores.

Isso porque, em maior ou menor medida, as instituições que realizam concessões de crédito não conseguem saber exatamente como serão tratadas as suas garantias nos mais variados contextos que podem se apresentar ao longo do relacionamento com seu cliente (leia-se: na fase executória dos contratos de empréstimo).

Essa falta de previsibilidade da execução da garantia gera insegurança jurídica e aumento do risco de inadimplência que, fatalmente, levam as instituições financeiras a praticarem taxas de juros e spread bancários mais elevador, prejudicando, até mesmo, os bons pagadores.

Dessa maneira, acredito que o presente agregue de forma positiva na medida em que, a partir da interpretação da legislação e da jurisprudência atual acerca do tema, possa de fato propor soluções práticas imediatas para mitigar os riscos apontados.

A seguir serão apresentadas propostas de melhores práticas para credores em três das situações mais comuns: (i) no momento anterior à concessão do crédito, (ii) no momento posterior à concessão do crédito, outorga da garantia de alienação fiduciária e com devedor *adimplente* e (iii) no momento após a concessão do crédito, outorga da referida garantia, mas com o devedor já *inadimplente*.

5.1. Contrato de Garantia Umbrella

Primeiramente, dado todo o exposto até aqui foi possível constatar que a lei confere um privilégio especial para determinada modalidade de contrato.

A lei 13.476/17 que, em seu artigo 9º, alterou a lei 9.514/97 determinou especificamente que nos contratos de Abertura de Limite de Crédito e em suas operações derivadas o credor detentor de garantia de alienação fiduciária de imóvel tem a liberdade de executar a sua garantia e cobrar eventual saldo residual caso o valor conseguido com a liquidação do imóvel seja insuficiente para cobrir o saldo devedor.

Dessa forma, a primeira sugestão é que, no momento da concessão do crédito, o credor dê preferência para a celebração de um contrato guarda-chuva – *umbrella* – de Abertura de Limite de Crédito com instrumento de alienação fiduciária de imóvel que se prestará para garantir, inclusive, todas as operações derivadas.

Dessa maneira, com a celebração do contrato principal na modalidade de abertura de limite de crédito, o credor tem, inclusive, a opção de, na medida em que for realizando os desembolsos em favor do seu devedor até o limite de crédito estipulado no contrato principal, de realizar as operações derivadas na forma de outros tipos de instrumentos de crédito, como cédulas de crédito bancário por exemplo.

Melhim Chalhub e Afranio Dantzger explicam:

> O legislador utilizou o neologismo "operação financeira derivada" para designar cada mútuo celebrado no prazo estabelecido no contrato-mãe, até o limite de crédito ali fixado. Em cada operação derivada, a taxa de juros variará entre os limites máximo e mínimo preestabelecidos, e não há forma especial para a contratação das operações derivadas, que poderão ser materializadas mediante emissão de título de crédito cambiariforme, a exemplo

da Cédula de Crédito Bancário, com juros capitalizados, entre outras formas usualmente admitidas.[37]

Na prática, os instrumentos derivados, que representam os desembolsos efetivos creditados em favor do devedor, continuam garantidos pela alienação fiduciária original e o credor ainda terá a guarida da lei para poder cobrar do devedor o saldo residual de crédito, se houver, em caso de inadimplemento e execução da garantia.

Para tanto, para cumprimento das devidas formalidades, vale ressaltar que a lei 13;476/17 estabelece em seu artigo 4º que a abertura de limite de crédito será celebrada por instrumento público ou particular, com pessoa física ou pessoa jurídica, e deverá dispor sobre as condições para celebração das operações financeiras derivadas, pelas quais o credor fará os desembolsos do crédito ao tomador, observados o valor máximo previsto no contrato principal e seu prazo de vigência.

Além disso, o parágrafo único do mesmo artigo 4º estabelece que o instrumento de abertura de limite de crédito deverá conter os seguintes requisitos essenciais:

> (...)
>
> I – o valor total do limite de crédito aberto;
>
> II – o prazo de vigência;
>
> III – a forma de celebração das operações financeiras derivadas;
>
> IV – as taxas mínima e máxima de juros que incidirão nas operações financeiras derivadas, cobradas de forma capitalizada ou não, e os demais encargos passíveis de cobrança por ocasião da realização das referidas operações financeiras derivadas;

[37] CHALHUB, Melhim e DANTZGER, Afranio C. C. – Artigo – "Lei 13.476/2017 preencheu importante lacuna ao regular "garantia guarda-chuva" – Disponível em: https://www.conjur.com.br/2017-out-31/opiniao-lei-preenche-lacuna-regular-garantia-guarda-chuva > Acessado em 20/06/2018

> V – a descrição das garantias, reais e pessoais, com a previsão expressa de que as garantias constituídas abrangerão todas as operações financeiras derivadas nos termos da abertura de limite de crédito, inclusive as dívidas futuras;
>
> VI – a previsão de que o inadimplemento de qualquer uma das operações faculta ao credor, independentemente de aviso ou interpelação judicial, considerar vencida antecipadamente as demais operações derivadas, tornando-se exigível a totalidade da dívida para todos os efeitos legais.

Por fim, a lei ainda estabelece que as garantias constituídas no instrumento de abertura do limite de crédito servirão para assegurar todas as operações financeiras derivadas, independentemente de qualquer novo registro ou averbação adicional.

Dessa forma, recomenda-se a modalidade contratual de abertura de limite de crédito para celebração dos contratos de empréstimo com garantia de alienação fiduciária de imóvel para mitigação do risco de obrigatoriedade da outorga da quitação e possibilitar a cobrança de eventual saldo residual do crédito.

5.2. Aditamento de Instrumentos de Garantia

A segunda situação em que os credores podem se encontrar é aquela em que o credito foi concedido por meio de uma modalidade de contrato usual (cédulas de crédito bancário ou simplesmente um contrato de mútuo) e, mesmo com o cliente em situação de adimplência, o credor deseja conferir maior segurança jurídica à sua garantia ou até mesmo reestabelecer o equilíbrio contratual caso entenda que tenha havido desvalorização ou depreciação do imóvel objeto da garantia.

Com isso, podemos fazer referência às teorias revisionistas, ou seja, que permitem a revisão dos contratos em geral, que foram expostas no início do presente trabalho para que o credor proponha um aditamento ao contrato e ao instrumento de garantia.

Ao aditar a garantia, recomenda-se ao credor que proponha uma cláusula de renúncia expressa do devedor fiduciante quanto ao disposto no art. 27, §5º e 6º, da Lei 9.514/97, referente à extinção da dívida e à exoneração após a consolidação da propriedade do imóvel.

Esta é também uma tentativa de mitigar o risco da outorga da quitação ao devedor para que haja a possibilidade de cobrança de eventual saldo devedor residual.

Ainda, caso o contrato seja garantido por alienação fiduciária de dois ou mais imóveis localizados e registrados em comarcas diferentes, recomenda-se que seja indicado no contrato, expressamente, o valor total da dívida, o valor garantido por cada bem imóvel objeto da alienação fiduciária e qual o percentual do total da dívida representa cada um desses valores.

Dessa maneira, atribui-se maior previsibilidade ao procedimento de execução das garantias perante os diferentes cartórios de registro de imóveis para que fique claro qual o percentual da dívida é abatido com execução de cada imóvel.

Assim, é possível mitigar o risco do cartório e do devedor exigirem a outorga da quitação sobre a totalidade da dívida ainda que os demais imóveis objeto da garantia ainda não tenham sido executados por conta das diferenças de prazos e micro procedimentos específicos de cada registrador de imóveis.

A título de formalidade, mas não menos importante, vale lembrar que todo e qualquer aditamento realizado nos instrumentos de garantia deverá ser registrado na matrícula do respectivo imóvel. Assim é o entendimento da corregedoria do Tribunal de Justiça de São Paulo.

> REGISTRO DE IMÓVEIS – Aditamento de Cédula de Crédito Bancário com alienação fiduciária – Título que representa novo negócio jurídico fiduciário, uma vez que altera forma de pagamento, taxa de juros e condições de pagamento, caracterizando inegável novação – Necessidade de registro, com cancelamento

> do registro anterior – Cobrança de emolumentos em acordo com o registro das novas garantias – Recurso não provido.[38]

Aproveitando o ensejo do aditamento do instrumento de garantia, uma outra sugestão é bastante válida para diminuir o risco de questionamento da validade ou eficácia da garantia caso o credor opte pela via judicial para execução, é se utilizar de uma inovação instituída no novo Código de Processo Civil (CPC) que é a figura do negócio jurídico processual.

Inspirado nos dispositivos relativos aos procedimentos arbitrais, o novo CPC trouxe o negócio jurídico processual para admitir a autocomposição entre as partes e permitir que implementem mudanças de procedimento, ajustando-os às especificidades do caso concreto, e convencionem sobre os seus ônus, poderes, faculdades e deveres processuais[39].

Dessa maneira, o credor pode estabelecer no próprio instrumento contratual que terá a faculdade de optar pela via judicial para execução da garantia caso o credor venha a inadimplir o contrato e que tal escolha não implica em renúncia da garantia muito menos dos privilégios lhe conferidos pela lei.

Tecnicamente, essa previsão procedimental é revestida de licitude uma vez que a lei não restringe o procedimento de execução da garantia ao rito extrajudicial e, portanto, não veda às partes disporem sobre tal se assim entenderem devido.

É válido ressaltar, entretanto, que a legislação costuma ser protetiva, não apenas em favor do consumidor, como da parte caracterizada como hipossuficiente de modo geral.

Desse modo, dado que os instrumentos contratuais de empréstimo são, via de regra, contratos de adesão é necessário ponderar que o judiciário, pela própria disposição legal, tenderá

[38] Corregedoria do TJSP 31.763/2015

[39] Art. 190 do Código de Processo Civil

a acolher os negócios jurídicos processuais estabelecidos entre partes paritárias, ou seja, em que não exista (ou seja de difícil caracterização) uma relação de hipossuficiência.

Ainda na seara da celebração do aditamento da garantia e tratando de pactuação de negócio jurídico processual, cabe ainda mais uma proposta de procedimento. Como exposto nos tópicos acima, um dos maiores receios dos credores detentores de garantia de alienação fiduciária é a situação em que o devedor ingressa com pedido de recuperação judicial e, na sequência, ingressa com pedido de sustação do procedimento de expropriação da garantia mediante a alegação de essencialidade do bem.

Com isso, para tentar mitigar esse risco, recomenda-se que o credor elabore um termo para que o devedor declare expressamente que a garantia que está oferecendo não é um bem essencial à sua atividade e assim permanecerá até o adimplemento do contrato.

Obviamente, as instituições financeiras não vão deixar de ter interesse na concessão do crédito apenas pelo fato do bem recebido em garantia ser essencial à atividade do devedor. Certamente, haveria situações em que a declaração acima mencionada não seria necessariamente uma exigência do credor.

Entretanto, quebrar essa barreira da "essencialidade do bem" e conferir segurança jurídica para execução da garantia nos casos em que o devedor aceita assinar o termo de declaração de "não essencialidade" do objeto da garantia, pode ser bastante benéfico para o mercado de crédito na medida em que os bancos ajustariam o spread das operações de acordo com grau de risco que conseguem mensurar em cada uma delas.

5.3. Aplicação Extensiva da Lei 13.476/17

Uma terceira e última situação em que os credores vislumbram dificuldades para execução da sua garantia de alienação fiduciária de imóvel, é aquela em que o crédito foi concedido por meio de um tipo de instrumento contratual usual (diferente da abertura de limite de crédito) e o devedor já se encontra em estado de inadimplência de resistência à celebração de aditamento aos instrumentos de crédito e de garantia.

Caso o credor entenda que existe qualquer motivo para ingressar em juízo e não quiser optar pela via extrajudicial para executar a sua garantia, é recomendado que ele acesse o judiciário por meio de ação de execução de título extrajudicial e requeira a penhora dos direitos aquisitivos do devedor fiduciante para iniciar o procedimento de expropriação judicial da garantia.

Esta é um procedimento cada vez mais utilizado pelos credores e vem sendo consolidado pela jurisprudência.

Entretanto, outra tese pouco explorada, mas a meu ver igualmente possível, é a execução da alienação fiduciária extrajudicialmente perante o cartório de registro de imóveis *paralelamente* ao ajuizamento da ação de execução de título extrajudicial.

Dessa maneira, uma vez expropriada a garantia pelo rito extrajudicial e havendo saldo devedor em aberto, deverá o credor se dirigir à ação de execução ajuizada e requerer uma aplicação extensiva o art. 9º da lei 13.476/17 para que o contrato seja interpretado no moldes de um contrato de abertura de limite de crédito e, consequentemente, haja a exoneração da obrigatoriedade de outorga da quitação e o prosseguimento do processo em busca do saldo residual de crédito, se houver.

Cabe relembrar que a intenção do legislador ao exigir do credor a outorga da quitação da dívida após a expropriação do imóvel era de proteger o devedor que havia feito o financiamento de seu imóvel no âmbito do sistema financeiro de habitação e que, via de regra, lhe serviria como casa própria, ou seja, claramente no contexto de uma relação de consumo perante às construtoras e às instituições financiadoras.

Nesse sentido, Melhim Chalhub defende que os contratos celebrados para fins habitacionais não são abrangidos pelos efeitos da Lei 13.476/17:

> Ao contrário do que sugerem leituras apressadas do artigo 9º da nova lei, para esses financiamentos continua prevalecendo a regra dos parágrafos 5º e 6º, do artigo 27, da Lei 9.514/1997, pela qual, nos financiamentos com garantia fiduciária de bem imóvel, **notadamente para fins habitacionais**, o devedor fiduciante está desobrigado de pagar o saldo remanescente caso não se obtenha no leilão valor suficiente para quitação da dívida.[40]

Vale deixar claro que a aplicação extensiva do art. 9º da lei 13.476/17 servirá de argumento para aquele credor que realiza empréstimos a devedores de maior porte financeiro e que contrate corriqueiramente com instituições financeiras, mediante instrumentos que regulem relações paritárias, não são regidas pelo CDC e onde não se configure uma relação de hipossuficiência.

6. Conclusão

Ao longo do presente trabalho se buscou fazer uma leitura introdutória das teorias de formação de negócio jurídico e de revisão dos contratos, bem como expor conceitualmente a natureza jurídica da garantia de alienação fiduciária em suas diversas modalidades.

Com foco na análise da alienação fiduciária de garantia especificamente de imóveis, passamos pelo rito de execução extrajudicial da garantia estabelecido pela Lei 9.514/97 e pelos principais embates jurídicos que tem se formado acerca do tema, dentre eles a extinção da dívida após a consolidação da propriedade do imóvel.

[40] Idem ibidem.

É justamente em torno da necessidade de outorga da quitação que surgem as principais polêmicas acerca do tema. A primeira delas a ser ventilada foi a possibilidade eleição da via judicial para execução da garantia, expropriação do imóvel e cobrança de eventual saldo residual do crédito.

Para tanto, foram colacionados julgados que asseguram ao credor fiduciário a possibilidade efetuar a penhora dos "direitos do devedor fiduciante" – que é exatamente o que sobra do imóvel ao devedor a partir do momento da celebração do instrumento de garantia – e levar a cabo a expropriação do imóvel pelo rito judicial.

Em contrapartida, nessas circunstâncias muitos devedores alegam que o credor deve ficar restrito ao procedimento extrajudicial da garantia e outros credores concorrentes aproveitam a oportunidade para questionar a validade, eficácia e , consequentemente, a manutenção do privilégio da garantia.

Da análise do entendimento jurisprudencial que vem se consolidando, foi possível concluir que a eleição da via judicial para execução da alienação fiduciária de imóvel:

1. não faz com que a garantia se torne inválida ou ineficaz;
2. não presume renúncia tácita do credor à sua garantia;
3. oferece alternativa para o credor executar sua garantia em situações de maior complexidade, como por exemplo aquelas em que há mais de um imóvel, em comarcas distintas, garantindo a mesma operação;
4. permite ao judiciário reestabelecer condições de igualdade entre as partes em contratos que se tornaram desequilibrados ao longo da sua fase executória – mediante a atualização da avaliação do imóvel objeto da garantia, por exemplo.
5. não causa prejuízo ao devedor, pelo contrário, abre margem ao contraditório, ampla defesa e faz com que a deci-

sões de expropriação da garantia passem pelo crivo do judiciário.

Além disso, verificou-se que a escolha do procedimento de execução da garantia não desconstitui a sua natureza, não prejudica a sua formalização e muito menos afeta a sua oponibilidade perante terceiros, desde que estejam presentes todos os requisitos essenciais de formação do negócio jurídico e os contratos tenham sido devidamente formalizados e registrados desde o momento da sua celebração.

Outro ponto importante tratado acerca do tema foi análise da inovação trazida pelo art. 9º da Lei 13.476/17 que passou a permitir a cobrança do saldo residual do crédito após a expropriação do imóvel objeto da garantia valendo, exclusivamente, para os contratos de Abertura de Limite de Crédito que, via de regra, são celebrados em operações financeiras entre partes em pé de igualdade não havendo que se falar em relação de consumo ou de hipossuficiência.

Esta alteração da lei com a criação de um regime jurídico específico para os contratos de abertura de limite de crédito, é extremamente benéfica para o mercado de crédito na medida em que desburocratiza e confere maior efetividade na recuperação do crédito.

Por fim, colocando à mesa as inovações da legislação e os pontos polêmicos que permanecem carentes de solução acerca do tema, foram sugeridas propostas de melhores práticas adequadas aos credores que fazem o enfrentamento das mais diversas situações.

Para os credores em fase inicial de concessão do crédito, sugere-se a utilização dos contratos na modalidade de abertura de limite de crédito como contrato-mãe e o respectivo instrumento de garantia a título de um contrato guarda-chuva acessório que servirá para garantir todas as operações derivadas do contrato principal. Dessa maneira, as operações derivadas podem ser celebradas por meio de cédulas de crédito bancário e, ainda assim, em caso de inadimplemento do devedor e de execução da garantia, o credor estará exonerado da obrigação de outorga da quitação ao devedor se ainda houver saldo residual de crédito a ser cobrado.

Por outro lado, para os credores que já celebraram contratos de empréstimo e os mesmos ainda estão adimplentes, é recomendada a realização de aditamentos aos instrumentos de garantia, por meio da implementação de negócios jurídicos processuais, flexibilização expressa do procedimento de execução da garantia, regulamentação de questões relacionadas ao abatimento e quitação da dívida, bem como da declaração de "não essencialidade" do bem objeto da garantia, se for de interesse do credor.

Por último, para os credores que já estão experimentando a inadimplência do devedor e tiverem celebrados contratos diferentes da abertura de limite de crédito, se entenderem que o procedimento extrajudicial de execução da garantia lhes prejudica de alguma forma, recomenda-se ingressar em juízo requerer a penhora dos direitos do devedor fiduciante e levar a cabo o procedimento de expropriação do imóvel pela via judicial e, ao final, cobrar saldo residual do crédito após o abatimento do valor conseguido com a adjudicação ou liquidação do imóvel. Ainda, como estratégia alternativa no caso de contratos que regulam relações paritárias entre as partes, pode o credor, paralelamente à execução extrajudicial da garantia, ingressar em juízo e requerer a aplicação extensiva o art. 9º da lei 13.476/17 com o objetivo de equiparar o contrato ao de abertura de limite de crédito e incorporar os benefícios outorgados pela lei.

Como objetivo do presente estudo, espera-se que tenha sido possível elucidar algumas questões acerca da alienação fiduciária que sejam capazes garantir maior segurança jurídica aos participantes do mercado de crédito e, acima de tudo, conferir mais previsibilidade ao tratamento prático e jurídico aplicado a essa modalidade de garantia.

Por meio do enfrentamento e debate das questões entabuladas, será possível contribuir não apenas para o aumento da oferta de crédito às empresas e para o fomento da circulação de bens e serviços, como também para a adequação do *spread* bancário aos diferentes níveis de risco inerentes às operações financeiras.

Referências

PEREIRA, Caio Mário da Silva. *Instituições de Direito Civil.* 10. ed. Rio de Janeiro: Forense, 2000. v. 3. p. 98.

OERTMANN, Paul. *Introducción al Derecho civil.* Barcelona: Editorial Labor, 1933, p. 305.- Mauricio Mota Disponível em http://emporiododireito.com.br/leitura/a-base-objetiva-do-negocio-juridico-compreendida-em-detalhes-em-uma-analise-contratual-por-mauricio-mota Acesso em 21.jun. 2018.

MENEZES CORDEIRO, Antônio Manuel da Rocha e. *A boa-fé no direito civil.* Coimbra: Almedina, 2007, p. 1033)

LARENZ, Karl. *Base Del Negocio Jurídico e Cumplimento de los Contratos*; Tradução: Carlos Fernández Rodríguez; Madri: Editorial Revista de Derecho Privado, 2002. P.159;

COELHO, Fabio Ulhoa. *Manual de Direito Comercial.* 2014 –Ed. Saraiva- pg 514

CHALHUB, Melhim Namem. *Negócio Fiduciário.* Rio de Janeiro – São Paulo: Renovar, 2000, 2ª ed. Pág.222

BORSOI, Marta. *A Alienação Fiduciária em Garantia no Direito Brasileiro.* Estudos do Instituto do Conhecimento AB nº 3. Ed. Almedina, 2015.

TEPEDINO, Gustavo e GONÇALVES, Marcos Alberto Rocha. *Artigo VII Jornada de Direito Civil.* Disponível em: https://www.conjur.com.br/2016-fev-08/direito-civil-atual-licoes-vii-jornada-direito-civil-tendencias-direito-coisas Acessado em: 20/06/2018.

STJ. Agravo em Recurso Especial nº 1.289.693 – SP (2018/0106553-4). Relator Ministro Lázaro Guimarães. (Convocado do TRF 5ª Região) Data da Publicação 18 de junho de 2018.

TJSP. Embargos de Declaração 2094164-35.2014.8.26.0000; Relator: Plinio Novaes de Andrade Júnior; 24ª Câmara de Direito Privado; Data do Julgamento: 26/02/2015; Data de Registro: 27/02/2015).

TJSP: Agravo de Instrumento 2208468-42.2017.8.26.0000; Relator Thiago de Siqueira; 14ª Câmara de Direito Privado; Data do Julgamento: 11/04/2018; Data de Registro: 12/04/2018)

TJSP; Agravo de Instrumento 2029058-58.2016.8.26.0000; Relatora: Claudia Sarmento Monteleone; 17ª Câmara de Direito Privado; Data do Julgamento: 15/09/2016

STJ. AgRg no REsp 1459609/RS, 2ª Turma, relator Ministro OG Fernandes, julgado em 11/11/2014.

STJ. REsp 838.099/SP – Relator Ministro Aldir Passarinho Junior – Quarta Turma Data do Julgamento: 26/10/2010 Data da Publicação/Fonte: DJe 11/11/2010.

TJSP: Agravo de Instrumento 2098634-75.2015.8.26.0000; Relator: Fernandes Lobo; 22ª Câmara de Direito Privado; Data do Julgamento: 22/10/2015; Data de Registro: 24/10/2015.

STJ. REsp nº 1.338.748 – SP (2011/0294748-1) Relator: Ministro Luis Felipe Salomão

STJ. CC 110.392/SP, Rel. Ministro RAUL ARAÚJO, Segunda Seção, julgado em 24/11/2010, DJe 22/03/2011.

STJ. Resp. nº 1.207.117 – MG (2010/0145988-8), Rel. Ministro Luis Felipe Salomão.

Chalhub, Melhim e Dantzger, Afranio C. C. – Artigo – "Lei 13.476/2017 preencheu importante lacuna ao regular "garantia guarda-chuva" – Disponível em: https://www.conjur.com.br/2017-out-31/opiniao-lei-preenche-lacuna-regular-garantia-guarda-chuva > Acessado em 20/06/2018.

Contratos de Financiamento Rural e a Restrição de Aquisição de Imóveis Rurais por Estrangeiros

LÉA CRISTINA KOCSKA

1. Introdução

O presente trabalho analisa os impactos que as restrições sobre a aquisição de terras rurais por estrangeiros causaram nos contratos de financiamento rural no Brasil.

O tema abordado evidencia uma preocupação importante, vez que o agronegócio está sob holofotes da economia nacional e tem importante papel para a sustentabilidade mundial. Podemos afirmar, sem temeridades, que o agronegócio[1] é esteio da economia nacional. A fertilidade do solo brasileiro e as condições climáticas favoráveis colocam o agronegócio como responsável por 23% do Produto Interno Bruto (PIB) e 48% das

[1] (...) *agribusiness* ou agronegócio pode ser definido como o conjunto organizado de atividades econômicas que envolve a fabricação e o fornecimento de insumos, a produção, o processamento e o armazenamento até a distribuição para consumo interno e internacional de produtos de origem agrícola ou pecuária, ainda compreendidas as bolsas de mercadorias e futuros e as formas próprias de financiamento, sistematizadas por meio de políticas públicas especificas. (Buranello, Renato Macedo. Contratos do Agronegócio. In.:Direito Comercial: os contratos empresariais em espécie. pg. 406)

exportações totais[2]. Segundo pesquisa do CEPEA (Centro de Estudos Avançados em Economia Aplicada) da ESALQ/USP em parceria com o CNA (Confederação da Agricultura e Pecuária do Brasil), o crescimento do PIB – produto interno bruto – referente ao volume do agronegócio está estimado em 7,2% para 2017, sendo que o ramo agrícola impulsionou este resultado, uma vez que registrou um aumento de 9,3% em 2017. Esta pesquisa indica ainda que 79% do crescimento de valor adicionado na economia decorreu do crescimento da agropecuária.[3]

Outrossim, não se pode olvidar a preocupação acerca da problemática da insuficiência de alimentos frente ao exponencial crescimento da população mundial. Estudos da ONU – Organização das Nações Unidas – projetam o crescimento da população, sempre atrelado à necessidade de um incremento na produção mundial de alimentos, o que coloca o Brasil em posição de destaque para assuntos que venham a tratar de políticas de melhoria de toda a cadeia de agronegócios.

> "A Organização das Nações Unidas (ONU) projeta três diferentes cenários para o futuro da população mundial, baseados na variação da taxa de natalidade no tempo [1]. No século XXI, a população equilibrar-se-ia com a taxa de 2,05 filhos por mulher, e o estudo usa taxas de 1,55 para o cenário de baixo crescimento, de 2,55 para alto crescimento, e o cenário de médio crescimento situar-se-ia entre os dois extremos. Considerando que o maior crescimento da população ocorrerá em países com baixo índice de desenvolvimento, mormente regiões da África, Sudeste Asiático e

[2] Análise Perfarm; Cepea – USP (dados 2015); Insper (2009); CNA;MTb/SPPE/CGET).

[3] PIB-AGRO/CEPEA: **Agronegócio Favorece Crescimento do PIB Nacional e Ajuda no Controle Da Inflação.** Disponível em: <https://www.cepea.esalq.usp.br/br/releases/pib-agro-cepea-agronegocio-favorece-crescimento-do-pib-nacional-e-ajuda-no-controle-da-inflacao.aspx>. Acesso em: 24 de junho de 2018.

América Latina, a curva populacional mais provável deverá situar-se entre os cenários médio e alto. Ao final da década de 2050, a população mundial variará entre 9,3 e 10,6 bilhões de pessoas, sendo 10 bilhões uma estimativa razoável.

O fator que mais impulsionará a demanda de alimentos será o crescimento da renda per capita [2], ou seja, o dinheiro disponível para as famílias atenderem as suas necessidades. Percebe-se na *Figura 1* que o crescimento da renda per capita entre 2020 e 2060 assume forma exponencial, impondo dois impactos principais: (a) a diminuição da população com carências nutricionais, atualmente estimada pela FAO (Organização das Nações Unidas para a Alimentação e a Agricultura) entre 800 milhões e 1 bilhão de pessoas, que deverá atingir valores marginais no final do período; e (b) as mudanças de hábitos de consumo, em especial com o aumento da demanda de proteínas de origem animal. O aumento da produção pecuária, particularmente suínos, aves e bovinos confinados, exigirá volumes exponencialmente maiores de rações. O consumo estimado de 250kg de grãos por cidadão, para atender suas necessidades alimentares, terá um incremento ponderável, pois, em média, para cada quilo de carne produzida, estima-se que sejam necessários 6kg de grãos [5].

Considere-se que produtos agrícolas não se restringem a alimentos. A sociedade demanda fibras, madeira, matéria-prima para biocombustíveis e para a indústria química, plantas medicinais e ornamentais, além da competição crescente do espaço rural com outras atividades, como turismo rural, fazendas eólicas e fotovoltaicas, infraestrutura de transportes e industrial, avanço dos limites das cidades, espaços de lazer, entre outros. De acordo com a FAO [6], no ano de 2014 foram produzidos 2,5 Gt de grãos e 316 Mt de carnes, ocupando 1,4 GHa para produção de grãos, hortaliças e frutas; 3,4 GHa em pastagens; e cerca de 270 MHa destinados para florestas plantadas. A FAO estima a necessidade de produzir 70% mais alimentos entre 2010 e 2050 e, conforme

Bruinsma [7], será necessário produzir, anualmente, mais 1 Gt de grãos e 200 Mt de carnes para atender a demanda em 2050."[4]

Aprofundando um pouco o tema, dando destaque aos produtores rurais como principais personagens do agronegócio, fundamental pontuar que estes demandam capital de terceiros nos investimentos necessários para compra de insumos na formação da lavoura, a aquisição e abertura de novas áreas e, ainda, para investimento em tecnologia, de modo a aumentarem sua eficiência e competitividade no mercado. Além de demandarem capital de terceiros, importante é que tenham acesso a este capital em momento adequado, uma vez que as condições climáticas ditam o momento correto para a semeadura. Por este motivo a necessidade que os procedimentos para concessão de crédito sejam ágeis pois, do contrário, não possibilitarão ao produtor condições de plantar no momento adequado.

O Governo, através do Sistema Nacional de Crédito Rural, aparece como importante financiador desses produtores, oferecendo linhas de crédito subsidiadas (créditos de custeio, créditos de investimento e créditos de comercialização). Estas linhas, entretanto, não têm se mostrado adequadas às necessidades dos produtores, seja porque se apresentam quantitativamente insuficientes, seja porque possuem um procedimento extremamente burocrático.

Além das linhas de crédito subsidiadas pelo Governo, outras opções de financiamento são aqueles oferecidos pelos Bancos Privados, de similar burocracia, porém com juros superiores aos do Sistema Nacional de Crédito Rural.

[4] Gazzoni, Decio Luiz. **Como alimentar 10 bilhões de cidadãos na década de 2050?**. Sociedade Brasileira para o Processo na Ciência. Disponível em: <http://cienciaecultura.bvs.br/scielo.php?script=sci_arttext&pid=S0009-67252017000400012>. Acesso em: 24 de junho de 2018.

Outra fonte de custeio, também privada, é encontrada no financiamento oferecido pelas *tradings*[5] e empresas fornecedoras de insumos. Estas últimas, comumente são empresas regularmente constituídas no Brasil, mas que possuem capital de acionistas estrangeiros, restando financiamentos igualmente onerosos e de difícil negociação.

Os contratos de financiamento rural, principal objeto deste estudo, são instrumentos que viabilizam a transferência de recursos dos bancos, *tradings* e empresas do agronegócio para os produtores rurais. Estes contratos, que serão abordados com mais detalhes no decorrer do trabalho, se prestam a adiantar numerário para aquisição de insumos necessários à formação da lavoura, ou ainda, tem como objeto o fornecimento dos insumos propriamente ditos, mediante pagamento a prazo. Estes contratos trazem cláusulas que estabelecem garantias, como forma de mitigar seu inadimplemento. As garantias mais utilizadas no mercado do agronegócio são as que instituem o penhor agrícola – que possui como objeto a própria lavoura financiada – e ainda as que instituem alienação fiduciária de imóvel e hipoteca – que possui como objeto as terras rurais de propriedade dos produtores.

No tocante às garantias, as constituídas sobre bens imóveis têm maior importância para o escopo deste trabalho, uma vez que os móveis, pela própria natureza, podem ser facilmente desviados e não prestarem-se para atingir os fins para os quais se destina, qual seja, garantir o pagamento da dívida em caso de inadimplemento. Assim, *prima facie*, o perigo de desvio não atinge as garantias sobre bens imóveis. Por este motivo, esta categoria de garantias é mais valorizada e requerida pelos entes financiadores.

Muito embora a mera formalização da garantia sobre bem imóvel não implique na transmissão de propriedade deste, este

[5] Empresa habilitada a realizar aquisições, em condições especiais, de mercadorias com fins de exportação.

trabalho demonstrará que as restrições hoje vigentes impactam não somente a execução destas garantias – principalmente quando o credor quer utilizar-se da faculdade de institutos como a adjudicação e dação em pagamento – mas também para o registro de algumas delas, como é o caso da alienação fiduciária sobre bens imóveis.

As restrições sobre aquisição de imóveis rurais no Brasil estão contidas na Lei n 5.790/1971. Esta lei remonta de longa data e teve sua aplicação alterada ao longo do tempo, iniciando-se, como se era de esperar, com a promulgação da Constituição Federal de 1988. Posteriormente teve nova aplicação com a revogação de um artigo desta e, por último, a publicação do Parecer n LA-01 da Advocacia Geral da União que aprovou o Parecer CGU/AGU-1/2008-RVJ e reiterou sua vigência e aplicação a empresas constituídas regularmente sob a égide da legislação brasileira com capital social majoritário estrangeiro.

Aliado ao parecer supramencionado, o Conselho Nacional de Justiça publicou uma Resolução que vinculou os cartorários ao cumprimento do estabelecido neste parecer, sob pena de responsabilização pessoal, o que fortaleceu sobremaneira a aplicação do entendimento.

Obviamente que o assunto tem sido extremamente questionado no Judiciário e, enquanto não solucionado, as empresas com capital estrangeiro atuam num cenário de insegurança jurídica, despidas de elementos capazes de dar efetividade às garantias contempladas nos contratos de financiamento rural, o que tornou a formalização destes contratos por estas mais tímida.

Esta questão causa um efetivo impacto prejudicial na economia do País. O Brasil ocupa a posição 125 no índice Doing Business 2018[6]. Este índice se presta a avaliar a confiabilidade

[6] BANCO MUNDIAL. Doing Business in 2018 Brasil. Disponível em <http://portugues.doingbusiness.org>. Monitoring, Analysis and Policy Unit – Invest-

e estabilidade das instituições do País, a efetividade dos contratos, prazo e custo para sua execução e o tempo destinado à resolução do conflito pelos órgãos jurisdicionais do Estado.

Como não poderia deixar de ser, este índice é considerado pelos investidores estrangeiros nas avaliações que precedem suas decisões de investimento. No decorrer deste trabalho restará demonstrado o que as restrições para a aquisição de terras rurais por empresas estrangeiras tendem a diminuir as contratações entre empresas e produtores rurais para financiamento rural, reduzindo o investimento privado que se prestaria a fomentar o desenvolvimento do Brasil.

Após a explanação sobre os contratos de financiamento rural, suas garantias mais efetivas e modos de excussão, a importância destes contratos para o desenvolvimento da economia do País e os impactos negativos causados pela legislação que restringe a aquisição de terras rurais por estrangeiros, este trabalho será encerrado com a propositura de uma solução intermediária para interpretação da Lei n. 5.709/71, de modo a garantir a segurança jurídica dos contratos de financiamento rural, fomentando suas formalizações e, consequentemente, incentivando o desenvolvimento do País, sem, contudo, deixar de lado a preocupação originária de garantir a soberania nacional.

2. Contratos de Financiamento Agrícola e suas Garantias

2.1. Contratos de Financiamento Agrícola

Os contratos de financiamento agrícola são aqueles nos quais figuram de um lado os produtores agrícolas, e do outro, seus financiadores. Nestes são estabelecidos direitos e obrigações. Os financiadores obrigam-se a adiantar ao produtor um valor em dinheiro, ou a fornecer insumos para o seu plantio, e o pro-

ment Climate Department, World Bank Group, 2018. Acesso em: 23 de junho de 2018.

dutor, por sua vez, se obriga a efetuar o pagamento dos insumos ou a devolução do valor adiantado na data aprazada, com seus encargos.

Vale destacar que não se trata de contrato de consumo entre partes desiguais e, portanto, não é um contrato abarcado pelo Direito do Consumidor. É inconteste que o produtor rural adquire insumos e grãos para o fomento de sua atividade agrícola, e que estes serão utilizados para sua produção final. Esta posição, inclusive, tem norteado os julgamentos no STJ[7].

Nesta esteira, o presente artigo não faz referência ao produtor que atua na agricultura de subsistência e que se enquadra perfeitamente no perfil de consumidor final. O perfil do agricultor brasileiro que contrata com estas grandes empresas é um perfil de empresário rural. Neste contexto, contrata a aquisição de insumos, sementes, defensivos agrícolas para implementar sua atividade produtiva, a fim de originar os produtos que colocará no mercado. Deste modo, além de não haver hipossuficiência econômica, também não há que se falar em hipossuficiência intelectual. O grande produtor rural é altamente qualificado, para a atividade que exerce. Além disso, suas atividades são

[7] AGRAVO REGIMENTAL NO AGRAVO EM RECURSO ESPECIAL. PRODUTOR RURAL. COMPRA E VENDA DE INSUMOS AGRÍCOLAS. REVISÃO DE CONTRATO. CÓDIGO DE DEFESA DO CONSUMIDOR. NÃO APLICAÇÃO. DESTINAÇÃO FINAL INEXISTENTE. INVERSÃO DO ÔNUS DA PROVA. IMPOSSIBILIDADE. PRECEDENTES.
1. Esta Corte Superior consolidou o entendimento no sentido de que no contrato de compra e venda de insumos agrícolas, o produtor rural não pode ser considerado destinatário final, razão pela qual, nesses casos, não incide o Código de Defesa do Consumidor. 2. Ausente a relação de consumo, torna-se inaplicável a inversão do ônus da prova prevista no inciso VIII do Art. 6º, do CDC, a qual, mesmo nas relações de consumo, não é automática ou compulsória, pois depende de criteriosa análise do julgador a fim de preservar o contraditório e oferecer à parte contrária oportunidade de provar fatos que afastem o alegado contra si. Precedentes. 3. Agravo regimental não provido, com aplicação de multa. (AgRg no AGRAVO EM RECURSO ESPECIAL Nº 86.914 – GO (2011/0205783-6).

assessoradas por advogado, o que o coloca em pé de igualdade às empresas que o fomentam.

Os contratos, além de estabelecerem direitos e obrigações, possuem a função de alocar os riscos do negócio entre as partes. Desta forma, o preço ou o valor da obrigação refletem as condições de mercado e as penalidades são mais ou menos gravosas de acordo com a maior ou menor possibilidade de o inadimplemento contratual ocorrer. Além disso, garantias poderão ser acopladas aos contratos como objetivo de mitigar riscos.

Adentrando no tema das garantias, entende-se como tal os instrumentos legais que se prestam, como o próprio nome diz, a garantir o recebimento do valor equivalente à prestação contratada caso esta seja inadimplida. Em outras palavras, elas visam o fiel cumprimento das obrigações.

Inadimplida uma prestação, a regra é que o devedor se socorra dos meios judiciais cabíveis para compelir ao credor a efetuar o seu pagamento. Iniciado o processo de execução judicial, tendo como lastro um título executivo extrajudicial, o juiz expedirá o mandado de citação e pagamento, ordenando que o devedor efetue o cumprimento da obrigação.

Vale dizer que os instrumentos que formalizam o financiamento agrícola estão elencados no rol do Art. 784 do Código de Processo Civil[8]. Falando-se especialmente dos títulos que con-

[8] "Art. 784.São títulos executivos extrajudiciais:
I – a letra de câmbio, a nota promissória, a duplicata, a debênture e o cheque;
II – a escritura pública ou outro documento público assinado pelo devedor;
III – o documento particular assinado pelo devedor e por 2 (duas) testemunhas;
IV – o instrumento de transação referendado pelo Ministério Público, pela Defensoria Pública, pela Advocacia Pública, pelos advogados dos transatores ou por conciliador ou mediador credenciado por tribunal;
V – o contrato garantido por hipoteca, penhor, anticrese ou outro direito real de garantia e aquele garantido por caução;
VI – o contrato de seguro de vida em caso de morte;
VII – o crédito decorrente de foro e laudêmio;

templam garantias reais instituídas sobre bens imóveis, expressa menção foi feita no inciso V do artigo em referência.

Poderá o credor, já de antemão e na própria petição inicial, indicar qual bem do patrimônio do devedor[9] ele pretende gravar para levar à excussão judicial, caso este não pague a dívida no prazo estabelecido pelo juiz. Havendo a excussão do bem, o dinheiro levantado com sua venda será direcionado ao pagamento da dívida objeto da execução.

No caso da execução de um título contrato no qual não foi adicionada nenhuma garantia específica, qualquer bem do patrimônio do devedor – exceto os bens gravados como bem de família – poderão ser excutidos para fazer frente ao pagamento da dívida. Neste sentido, o credor, antes de ofertar crédito, deve proceder uma análise detida no patrimônio do devedor a fim de verificar se este é ou não suficiente para o pagamento da dívida que está sendo entabulada.

Esta simples precaução pode não se mostrar suficiente, pois em caso de inadimplemento de obrigações com diversos credores, estes concorrerão para o levantamento dos valores excutidos na venda dos bens de propriedade do devedor. A lei estabeleceu

VIII – o crédito, documentalmente comprovado, decorrente de aluguel de imóvel, bem como de encargos acessórios, tais como taxas e despesas de condomínio;
IX – a certidão de dívida ativa da Fazenda Pública da União, dos Estados, do Distrito Federal e dos Municípios, correspondente aos créditos inscritos na forma da lei;
X – o crédito referente às contribuições ordinárias ou extraordinárias de condomínio edilício, previstas na respectiva convenção ou aprovadas em assembleia geral, desde que documentalmente comprovadas;
XI – a certidão expedida por serventia notarial ou de registro relativa a valores de emolumentos e demais despesas devidas pelos atos por ela praticados, fixados nas tabelas estabelecidas em lei;
XII – todos os demais títulos aos quais, por disposição expressa, a lei atribuir força executiva.

[9] Art. 391. Pelo inadimplemento das obrigações respondem todos os bens do devedor.

o que seria uma regra de ordem de pagamento ou preferência, e esta é determinada seguindo um critério temporal, ou seja, aquele credor que primeiro efetuou a penhora no imóvel terá a preferência nos valores levantados com sua venda judicial. Os credores que registrarem a penhora posteriormente terão acesso apenas aos valores excedentes à dívida com o credor que possui a penhora de primeiro grau.

Desta forma, convém ao credor que adicione ao seu contrato cláusulas que estabeleçam garantias especiais. Garantia especial é aquela gravada sobre um bem em específico, que fará frente ao pagamento da dívida caso esta seja inadimplida. Dentre as garantias especiais, de maior importância são as garantias reais, entendidas estas como garantias estabelecidas sobre a "coisa". Em nosso ordenamento jurídico, são de especial importância o penhor e a hipoteca. Além disso ganhou bastante importância, principalmente por sua blindagem frente à recuperação judicial – agora também possível ao produtor rural pessoa física desde que este tenha registro como empresário na Junta Comercial – a alienação fiduciária de bens imóveis.

Este trabalho estudará adiante, e com mais afinco, as garantias estabelecidas sobre bens imóveis[10], por se tratarem de garantias mais efetivas e com menor, ou quase nula, possibilidade de desvio. Estas são garantias positivas também do ponto de vista do devedor, uma vez que permitem que estes permaneçam

[10] Art. 79. São bens imóveis o solo e tudo quanto se lhe incorporar natural ou artificialmente.
Art. 80. Consideram-se imóveis para os efeitos legais:
I – os direitos reais sobre imóveis e as ações que os asseguram;
II – o direito à sucessão aberta.
Art. 81. Não perdem o caráter de imóveis:
I – as edificações que, separadas do solo, mas conservando a sua unidade, forem removidas para outro local;
II – os materiais provisoriamente separados de um prédio, para nele se reempregarem. [Código Civil]

na posse do imóvel, cultivando-o e percebendo o resultado de seus frutos, exercendo, desta forma, também sua função social. Além disso, as garantias sobre bens imóveis, diretamente ligadas às restrições para a aquisição de imóveis rurais[11], por empresas brasileiras com capital estrangeiro serão por este trabalho pontuadas. São estas, a hipoteca e a alienação fiduciária sobre bens imóveis.

2.2. Garantias Sobre Imóveis

2.2.1. Hipoteca

A hipoteca é um direito real de garantia, regido pelo Art. 1.473 e seguintes do Código Civil, no qual ao credor se oferece um bem imóvel, sem transferência da posse, a fim de assegurar o cumprimento de determinada obrigação. O inadimplemento da obrigação autoriza a venda judicial do bem para que, com o produto arrecadado com a sua venda, seja efetuado o pagamento da contraprestação original. Sua constituição assegura ao credor o direito de sequela e de preferência sobre o bem onerado.

O direito de sequela é o direito que o credor da hipoteca tem de perseguir o bem nas mãos de quem quer que este se encontre, ou seja, ainda que vendido o bem imóvel hipotecado, caso haja inadimplemento da dívida garantida, o bem será levado a venda para saldar a obrigação inadimplida, sendo que terceiro adquirente terá direito apenas ao saldo excedente do valor da dívida.

Já o direito de preferência significa que, ainda que haja outros credores, o valor da excussão, até o limite da dívida do credor hipotecário, será utilizado para o pagamento deste, sendo que

[11] Art. 4º Para os efeitos desta Lei, definem-se:
I – "Imóvel Rural", o prédio rústico, de área contínua qualquer que seja a sua localização que se destina à exploração extrativa agrícola, pecuária ou agroindustrial, quer através de planos públicos de valorização, quer através de iniciativa privada; [Lei 4.504/1964 (Estatuto da Terra)]

apenas o que exceder a este valor será destinado ao pagamento de outros credores.

A hipoteca é um instrumento de suma importância para a fomento da economia, pois permite ao devedor obter crédito sem que seja privado da posse do seu imóvel. Pode-se dizer que é uma garantia revestida de certeza e segurança, uma vez que, diferentemente de garantias instituídas sobre bens móveis, não apresenta possibilidade de desvio.

Ponto negativo é que sua execução prescinde do ajuizamento do ingresso de medida judicial (execução hipotecária). Após o ingresso da medida, o bem hipotecado será indicado à penhora para que posteriormente seja levado a pública. Considerando o extenso tempo de tramitação processual no Brasil, este fato acarreta duas consequências negativas importantes serem consideradas: a primeira é a própria demora na tramitação do processo para que o credor recupere o crédito que foi objeto da garantia; e, a segunda é a eventual desvalorização do imóvel decorrente do passar do tempo ou mesmo do deságio para venda forçada em leilão judicial. Nestes casos, ainda que a lei garanta que o credor siga com a execução para cobrança do saldo devedor não abarcado pelo produto da venda do imóvel, nenhum efeito restará da medida caso o devedor não possua outros bens em seu patrimônio.

Outro ponto negativo, quando comtempla-se a falência do devedor, o bem hipotecado poderá integrar a massa falida, podendo frustrar o recebimento do crédito do credor hipotecário.

2.2.2. Alienação Fiduciária de Bens Imóveis

A alienação fiduciária de bem imóvel é regida pela Lei 9.514/1997. Esta lei estendeu a alienação fiduciária, que até então era aplicada somente a bens móveis, também a bens imóveis. Não se trata de uma garantia propriamente dita. A alienação fiduciária de bens imóveis concede ao credor a propriedade resolúvel do imóvel. Com o inadimplemento do devedor, ocorre o que se chama de consolidação da propriedade resolúvel do imóvel em nome do credor, ou seja, efetivamente ocorre a transferência da propriedade neste momento, inclusive com o recolhimento do ITBI (imposto sobre transmissão de bens imóveis). Neste mesmo momento o credor se incumbe de efetivar dois leilões objetivando a venda do imóvel e, somente se comprovada a frustação destes dois leilões é que pode ficar com o imóvel para si.

Entre suas peculiaridades destaca-se a desnecessidade do ajuizamento de ação judicial para a excussão do bem imóvel, o que se revela muito positivo num sistema Judiciário como o brasileiro, que é notadamente conhecido por sua morosidade. Além disso, vem sendo muito bem vista uma vez que, em casos de recuperação judicial, o imóvel objeto da garantia de alienação fiduciária não integrará o acervo de bens que será submetido ao concurso de credores, nos termos do Art. 49 da Lei 11.101/2005, que regula a Recuperação Judicial, Extrajudicial e Falência do Empresário e da Sociedade Empresária[12].

2.2.3. Necessidade do Registro dos Instrumentos Constitutivos de Garantias de Imóveis em suas Respectivas Matriculas

Ainda que todos os atos de constituição de garantias sobre bens imóveis ou sua transferência possam ser lavrados através

[12] "Art. 49. Estão sujeitos à recuperação judicial todos os créditos existentes na data do pedido, ainda que não vencidos. (...) §3º Tratando-se de credor titular da posição de proprietário fiduciário de bens móveis ou imóveis... seu crédito não se submeterá aos efeitos da recuperação judicial e prevalecerão os direitos de propriedade sobre a coisa e as condições contratuais, observada a legislação respectiva, não se permitindo, contudo, durante o prazo de suspensão a que se refere o § 4 do Art. 6 desta Lei, a venda ou a retirada do estabelecimento do devedor dos bens de capital essenciais a sua atividade empresarial."

de escritura pública ou declarados em sentença judicial, conforme disposto nos Arts. 1.227 e 1.245 do Código Civil, estes atos apenas terão efeitos sobre terceiros com o registro do instrumento respectivo na matrícula do imóvel. Daí se originou o famoso jargão dos tabelionatos e oficiais de registro: "quem não registra não é dono".

No caso da alienação fiduciária, ainda que superada a questão do registro de sua constituição, em caso de inadimplemento, depara-se com a impossibilidade da efetivação da consolidação da propriedade do imóvel, uma vez que este ato importa essencialmente na transferência do imóvel, o que corresponde dizer que as restrições para aquisição de imóveis por estrangeiros tornam a garantia previamente constituída praticamente inexequível para estes.

Na vigência do Parecer LA-01 foram criados óbices em várias etapas da aquisição do imóvel rural pela empresa brasileira com capital estrangeiro, desde o registro das garantias propriamente ditas, assim como a transferência do próprio bem. Estas disposições geram um ambiente de insegurança para aquele que concedeu o crédito, que não encontra na legislação atual um procedimento que o ampare e o proteja do inadimplemento do devedor.

2.3. Formas de Excussão das Garantias sobre Bens Imóveis

A excussão do imóvel hipotecado se dá judicialmente, por meio do ajuizamento de um processo de execução de título extrajudicial, no qual o bem objeto da hipoteca será oferecido à penhora e levado à hasta pública. O fato da hipoteca não permitir a execução por meio da venda amigável ou fora do juízo traz certo desconforto aos financiadores. Além disso muitas vezes o produtor desmembra uma única fazenda em diversas matrículas e a venda judicial destes bens em bloco, muitas vezes com outros credores em comum, se mostra bastante dificultada.

Outro ponto negativo da excussão judicial da hipoteca é a morosidade no trâmite processual, bem como os custos incorridos para o andamento do processo. Não fosse o bastante, o fator decurso do tempo pode acarretar um deságio no valor do imóvel, de modo que este não seja suficiente para o pagamento integral da dívida inadimplida. Adicionalmente, o insucesso na primeira hasta pública leva a realização de uma segunda tentativa de venda do imóvel, na qual o seu valor mínimo pode ser reduzido ao valor de venda forçada. Como limite para redução, não pode o juiz permitir que o imóvel seja avaliado por preço vil, sendo entendido este como o preço correspondente a 50% do valor da avaliação judicial.

Apesar do deságio no valor do imóvel representar uma vantagem na aquisição judicial de um bem, ainda existem vários outros pontos que impedem que este instituto seja plenamente eficaz:

1. A publicidade acerca da realização dos leilões é restrita. Muitas vezes os interessados que comparecem à hasta pública o fazem representando interesses do próprio devedor e, desta forma, apresentam seus lances de forma a provocar a realização da segunda hasta e por um valor menor ao valor de mercado do imóvel;
2. Embora as dívidas do proprietário anterior se desvinculem do imóvel após sua arrematação judicial, os procedimentos para transferência do imóvel se mostram morosos e burocráticos, até que todas certificações sejam concluídas; e
3. O antigo proprietário, na iminência de perder o imóvel em procedimento judicial, muitas vezes descuida de sua administração e vigilância, propiciando a ocupação do imóvel por terceiros que possam viabilizar a imissão na posse do imóvel pelo arrematante.

Se o valor levantado com a venda do imóvel na hasta pública for inferior ao valor objeto da execução, poderá o credor prosseguir com a execução do saldo remanescente. Importante lembrar aqui que esta disposição apenas será efetiva se o devedor possuir outros bens além daquele objeto da excussão judicial. Já no caso da adjudicação do imóvel, a dívida será saldada no valor da avaliação judicial do mesmo. Desta forma, se esta for equivalente ao valor da dívida, o credor não poderá seguir com a execução para a cobrança de eventual saldo remanescente, ainda que comprove que a efetiva venda do imóvel não ocorreu pelo valor da avaliação.

O Código de Processo Civil, motivado pela ineficiência dos leilões judiciais e as dificuldades supramencionadas, recebeu algumas adaptações. Embora a inserção da cláusula de *pacto comissório*[13] continue a não ser admitida nos contratos que enta-

[13] TRANSFERÊNCIA DE PROPRIEDADE DE BENS IMÓVEIS – PROMESSA DE COMPRA E VENDA FIRMADA EM GARANTIA A CONTRATO DE FACTORING SOB A ÉGIDE DO CÓDIGO CIVIL DE 1916 - CARACTERIZAÇÃO DE PACTO COMISSÓRIO VEDADO PELO ORDENAMENTO JURÍDICO. INSURGÊNCIA DOS EXEQUENTES/EMBARGADOS.
1. Violação do artigo 535 do CPC inocorrente. Acórdão local devidamente fundamentado, tendo enfrentado todos os aspectos fático-jurídicos essenciais à resolução da controvérsia.
Desnecessidade de a autoridade judiciária enfrentar todas as alegações veiculadas pelas partes, quando invocada motivação suficiente ao bom desate da lide.
2. Assentado no acórdão recorrido e incontroverso nos autos que a execução de obrigação de fazer lastra-se em contratos de compromisso de compra e venda, dados como garantia para o caso de inadimplência em contrato de factoring, pode o Superior Tribunal de Justiça, sem incorrer em superação das Súmulas. 5 e 7, estabelecer fundamento jurídico diverso daquele fixado pela Corte local para proclamar a nulidade absoluta dos ajustes sub judice.
3. No caso, resta perfeitamente configurada a figura do pacto comissório, pois, simulando a celebração de contratos de compromisso de compra e venda, foram instituídas verdadeiras garantias reais aos ajustes de factoring, permitindo que, em caso de inadimplência, fossem os bens transmitidos diretamente ao credor.

bulam garantia sobre bens imóveis, a possibilidade do próprio credor requerer a a adjudicação do imóvel foi incluída entre as formas de excussão do bem penhorado na execução. Nesta hipótese, a sentença homologatória da adjudicação do imóvel servirá de título suficiente para proceder à alteração da titularidade do imóvel em sua matrícula no Cartório de Registro de Imóveis. Com a regularização da titularidade, o credor poderá, conforme melhor lhe aprouver, integrá-lo a seu patrimônio ou providenciar sua venda, de modo a reaver os valores financiados ao produtor rural.

Também a lei que rege a alienação fiduciária sobre bens imóveis, embora estabeleça um procedimento simplificado, veda que o credor adquira o imóvel para si tão logo ocorra o inadimplemento da obrigação pactuada. Com o inadimplemento do devedor, dar-se-á início a um procedimento extrajudicial junto ao próprio Cartório de Registro de Imóveis previsto no Art. 26 da Lei 9.514/1997[14]. Este será informado pelo credor sobre o inadimplemento e oficiará o devedor a realizar o pagamento da dívida em cartório no prazo de 15 dias. Não ocorrendo o pagamento, no 16°. dia se dará a consolidação da propriedade fiduciá-

Avença nula de pleno direito, consoante o disposto no Art. 765 do CC/1916, atual Art. 1.428 do CC/2002. Precedentes da Corte.
4. Recurso especial desprovido"(REsp 954.903/RS, Rel. Ministro Marco Buzzi, QUARTA TURMA, julgado em 11/12/2012, DJe 01/02/2013).

[14] "Art. 26. Vencida e não paga, no todo ou em parte, a dívida e constituído em mora o fiduciante, consolidar-se-á, nos termos deste artigo, a propriedade do imóvel em nome do fiduciário.
§ 1º Para os fins do disposto neste artigo, o fiduciante, ou seu representante legal ou procurador regularmente constituído, será intimado, a requerimento do fiduciário, pelo oficial do competente Registro de Imóveis, a satisfazer, no prazo de quinze dias, a prestação vencida e as que se vencerem até a data do pagamento, os juros convencionais, as penalidades e os demais encargos contratuais, os encargos legais, inclusive tributos, as contribuições condominiais imputáveis ao imóvel, além das despesas de cobrança e de intimação."

ria em nome do credor, que deverá recolher o ITBI (Imposto de Transmissão de Bens Imóveis) e providenciar, às suas expensas, a realização de dois leilões particulares objetivando a venda do bem. Somente se estes leilões não apresentarem arrematantes é que poderá o credor manter a propriedade do imóvel para si ou vendê-lo no mercado conforme queira.

Tanto na hipoteca como na alienação fiduciária de bens imóveis, os novos proprietários dos bens, sejam eles os arrematantes dos leilões ou os próprios credores que procederam à adjudicação na hipoteca ou cujo leilão foi ineficaz no caso da alienação fiduciária, poderão necessitar de lançar mão das ações possessórias para retirar o antigo proprietário da posse do bem e exercê-la por si efetivamente.

Qualquer visão exploratória na tomada destes imóveis é afastada quando se verifica os objetos sociais destas empresas que concedem crédito, seja no adiantamento de valores ou mesmo no fornecimento de insumos aos produtores rurais. Não é do interesse destas empresas adquirir imóveis rurais no país, uma vez que estas não possuem a expertise necessária para cultivar estas terras. O objetivo aqui seria integrar o bem a seu patrimônio, corrigir eventuais falhas na documentação do mesmo e colocá-lo à venda pelo valor de mercado, para recuperação do valor mais próximo possível da dívida pelo bem garantida.

Importante ressaltar que este ainda não seria um caminho melhor que o recebimento da própria prestação ajustada no contrato de financiamento, uma vez que a transferência do imóvel agrega custos com a documentação, impostos de transferência e a própria administração do bem para colocá-lo à venda no mercado. Contudo, diante da inadimplência do valor acordado, este seria o caminho menos gravoso.

Relevante também mencionar o efeito do pedido de recuperação judicial ou falência, no decorrer da execução dos contratos ou mesmo no curso do processo judicial, relacionados aos contratos de financiamento agrário garantidos por hipoteca ou alienação fiduciária de bens imóveis.

No caso da hipoteca, se ainda não houve o vencimento da prestação, ocorrerá o seu vencimento antecipado e o crédito do credor será arrolado no quadro geral de credores. Se já ocorreu o inadimplemento do contrato e há execução judicial em curso, esta será suspensa e o crédito igualmente comporá o quadro geral de credores. Ocorre que o bem onerado deverá compor o acervo dos bens arrecadados para a venda e distribuição dos bens entre os credores. É fato que a legislação permite que o plano de recuperação ou falência estabeleça condições especiais de pagamento para os credores hipotecários, colocando-os num grau de preferência. No entanto, considerando que o poder da Assembleia de Credores é soberano, se esta decidir pela venda do imóvel para aproveitamento de todos os credores, o interesse coletivo prevalecerá sobre o particular e os efeitos da garantia serão inoperantes.

Na alienação fiduciária de bem imóvel, a regra é que ocorra o vencimento antecipado da obrigação garantida e se dê início ao procedimento extrajudicial para consolidação da propriedade fiduciária e excussão do imóvel. Exceção feita, contudo, aos casos nos quais o objeto da garantia é um bem que se mostra imprescindível para a manutenção das atividades da companhia, hipótese na qual os juízes têm se manifestado no sentido da impossibilidade da excussão destas garantias em procedimento extrajudicial paralelo.

Qualquer que seja o título que lhe tenha dado origem à aquisição do bem imóvel – escritura pública, sentença judicial, entre outros – esta somente será efetiva com o registro do respectivo instrumento na matrícula do imóvel, nos termos dos artigos 1.227[15]

[15] Art. 1.227. Os direitos reais sobre imóveis constituídos, ou transmitidos por atos entre vivos, só se adquirem com o registro no Cartório de Registro de Imóveis dos referidos títulos (arts. 1.245 a 1.247), salvo os casos expressos neste Código.

e 1.245[16] do Código Civil, pelo que se verifica que as restrições para empresas estrangeiras adquirirem imóveis rurais impactam diretamente na execução destas garantias, muitas vezes inviabilizando sua concessão.

3. Aquisição de Imóveis Rurais por Estrangeiros

3.1. Histórico Legislativo das Restrições sobre Aquisição de Imóveis

A aquisição de imóveis por estrangeiros foi inicialmente disciplinada pela Lei 5.709/71 e regulamentada pelo Decreto 74.965/74. Estas normas disciplinam limitações para que estrangeiros adquiram imóveis rurais no Brasil, sendo que a lei ainda equipara à empresa estrangeira "a pessoa jurídica da qual participem, a qualquer título, pessoas estrangeiras, físicas ou jurídicas, que tenham a maioria do seu capital social, ou tenham sede no exterior."[17]

Detendo-se a uma análise estritamente subjetiva da Lei, ou seja, à quem estas restrições deveriam ser aplicadas, verifica-se que a lei equiparou a pessoa jurídica brasileira com capital majoritário estrangeiro à pessoa jurídica estrangeira. Neste mesmo sentido, caminhou o Art. 1 do Decreto 74.965/1974[18].

[16] "Art. 1.245. Transfere-se entre vivos a propriedade mediante o registro do título translativo no Registro de Imóveis.
§ 1º Enquanto não se registrar o título translativo, o alienante continua a ser havido como dono do imóvel."

[17] "Art. 1º – O estrangeiro residente no País e a pessoa jurídica estrangeira autorizada a funcionar no Brasil só poderão adquirir imóvel rural na forma prevista nesta Lei.
§ 1º – Fica, todavia, sujeita ao regime estabelecido por esta Lei a pessoa jurídica brasileira da qual participem, a qualquer título, pessoas estrangeiras físicas ou jurídicas que tenham a maioria do seu capital social e residam ou tenham sede no Exterior."

[18] "Art. 1º O estrangeiro residente no País e a pessoa jurídica estrangeira autorizada a funcionar no Brasil só poderão adquirir imóvel rural na forma prevista neste regulamento.

Este entendimento prevaleceu até a promulgação da Constituição de 1988, que recepcionou as disposições já existentes, estabelecendo parâmetros mais claros e objetivos para o enquadramento de uma empresa como nacional.[19]

Oito anos depois, em 1995, foi editada a Emenda Constitucional n. 6 que expressamente revogou o Art. 171 da Constituição Federal. Com esta revogação, os artigos da lei e decreto automaticamente foram considerados revogados e, por conseguinte, a empresa brasileira com capital estrangeiro foi equiparada a empresa nacional para todos os fins.

§ 1º Fica também sujeita ao regime estabelecido por este regulamento a pessoa jurídica brasileira da qual participem, a qualquer título, pessoas estrangeiras, físicas ou jurídicas, que tenham a maioria do seu capital social e residam ou tenham sede no exterior."

[19] "Art. 171. São consideradas:
I – empresa brasileira a constituída sob as leis brasileiras e que tenha sua sede e administração no País;
II – empresa brasileira de capital nacional aquela cujo controle efetivo esteja em caráter permanente sob a titularidade direta ou indireta de pessoas físicas domiciliadas e residentes no País ou de entidades de direito público interno, entendendo-se por controle efetivo da empresa a titularidade da maioria de seu capital votante e o exercício, de fato e de direito, do poder decisório para gerir suas atividades.
§ 1º – A lei poderá, em relação à empresa brasileira de capital nacional:
I – conceder proteção e benefícios especiais temporários para desenvolver atividades consideradas estratégicas para a defesa nacional ou imprescindíveis ao desenvolvimento do País;
II – estabelecer, sempre que considerar um setor imprescindível ao desenvolvimento tecnológico nacional, entre outras condições e requisitos:
a) a exigência de que o controle referido no inciso II do "caput" se estenda às atividades tecnológicas da empresa, assim entendido o exercício, de fato e de direito, do poder decisório para desenvolver ou absorver tecnologia;
b) percentuais de participação, no capital, de pessoas físicas domiciliadas e residentes no País ou entidades de direito público interno.
§ 2º – Na aquisição de bens e serviços, o Poder Público dará tratamento preferencial, nos termos da lei, à empresa brasileira de capital nacional. "

Em consonância às alterações legislativas, a Advocacia Geral da União publicou o Parecer AGU/LA n. 01/97, considerando que lei e decreto estavam expressamente revogados e que, portanto, não mais haveriam restrições a empresas brasileiras com capital estrangeiro para a aquisição de imóveis rurais.

De 1994 a 2010, sob a vigência dos Pareceres da AGU CQ 22/94 e GQ 181/98, as restrições estabelecidas pela Lei 5.709/71 deixaram de ser aplicadas.

O Parecer AGU CG-181/1998, inclusive, trouxe expressamente em seu teor a conclusão de que a revogação do Art. 171 da Constituição somente poderia permitir novas restrições para a aquisição de imóveis rurais por estrangeiros na hipótese da promulgação de novas leis a respeito, não sendo possível "reavivar" as disposições do Art. 1º, § 1º da Lei 5.709/1971, uma vez que não é permitida a repristinação.

Importante pontuar, inclusive, que a edição da Lei 5.709/1971 deu-se na vigência da Constituição Federal de 1967, a qual trazia, em seu Art. 153, § 34, a autorização para que a legislação infraconstitucional estabelecesse restrições a aquisição de imóveis rurais inclusive quanto a brasileiros. A Constituição Federal de 1988 não repetiu tal dispositivo, na medida que autorizou o estabelecimento de restrições apenas para estrangeiros.

Em 2003 foi promulgado o novo Código Civil que, em seu Art. 1.126 definiu como empresa brasileira aquela cuja organização se dá conforme a lei pátria e a sede da administração esteja localizada no Brasil, sendo que a definição de empresa estrangeira se dá a *contrario sensu*.

Este entendimento vigorou até 2010, quando então a Advocacia Geral da União, motivada pela mudança na conjuntura mundial na segunda metade da década de 2000 e motivado pelo interesse de investidores estrangeiros na aquisição de imóveis localizados em zonas rurais brasileiras reanalisou a situação e publicou um novo parecer (LA-01), emitido em 3 de setembro de 2008 e aprovado, em 19 de agosto de 2010, pelo Advogado-Geral da União e, no dia 23 seguinte, pelo Presidente da República. Este parecer recomenda que se volte a aplicar as restrições para aquisição de imóveis rurais para empresas com capital majoritário estrangeiro, ainda que mantenham sede no território nacional e que tenham sido constituídas sob a égide da legislação brasileira.

A Portaria Interministerial AGU/MDA 4/2014 veio regular as situações intertemporais ocorridas entre as publicações dos pareceres de 1994 e 2010, determinando que estes casos se enquadrariam como "situação jurídica já aperfeiçoada", ainda que a escritura da aquisição do imóvel não estivesse registrada na matrícula do Imóvel no competente cartório.

O Parecer LA-01 visa, sobretudo, inibir a prática do *land grabbing*. Entende-se como *land grabbing* a concentração de terras por parte de corporações, fundos de investimentos e os mercados financeiros, que se apropriam de extensas glebas de terra, para projetos em larga escala[20]

Este novo parecer gerou muita polêmica, que abarcou desde a questão da legitimidade da Advocacia Geral da União para legislar até a ocorrência ou não de repristinação[21]. A norma estabelecida pela Lei 5.709/71 previa distinções entre empresa bra-

[20] Sauer, Sérgio. Demanda Mundial por Terras: "land grabbing" ou oportunidade de negócios no Brasil? In: Revista de Estudos e Pesquisas sobre as Américas, vol. 04, no 1/2010, pp. 72-88.

[21] É o fenômeno jurídico pelo qual uma lei volta a vigorar após a revogação da lei que a revogou. No entanto, há entendimentos diversos sobre sua validade. Enquanto alguns doutrinadores sustentam que a lei revogada passa automaticamente a vigorar com a abolição da lei que a revogou, outros entendem que tal fenômeno é vedado em nosso ordenamento, em razão do Art. 2º, § 3º, da LINDB. Desta forma, para que a lei anteriormente abolida se restaure, é necessário que o legislador expressamente a revigore. In Pereira, Caio Mário da Silva. Instituições de Direito Civil – Introdução ao Direito Civil. Teoria Geral de Direito Civil. 21ª ed., v. I, Rio de Janeiro: Editora Forense, 2005

sileira e empresa brasileiro com capital estrangeiro no âmbito da aplicação das restrições para aquisição de imóveis rurais. Com a promulgação da Constituição Federal de 1988, a leitura do revogado Art. 171 permitiu a interpretação de que tal dispositivo da lei não fora recepcionado e que, portanto, as restrições para aquisição de terras rurais não deveriam ser aplicadas a nenhuma empresa brasileira, independente da nacionalidade de seu capital. Como o ordenamento jurídico brasileiro não permite a repristinação de normas revogadas, a simples revogação do Art. 171 da Constituição Federal por si só não seria suficiente para retomar a vigência das disposições da lei, mas haveria necessidade da promulgação de uma nova lei para impor às empresas nacionais sob controle estrangeiro restrições para a aquisição de imóveis rurais.

Foi então que o Conselho Nacional de Justiça endereçou às Corregedorias o Parecer 250/10-E, para que estas determinassem que os Cartórios de Registros de Imóveis voltassem a controlar a aquisição e arrendamento de imóveis rurais por estrangeiros. A partir de então, os cartórios passaram a observar os parâmetros da Lei 5709/1971, requerendo prévia aprovação do INCRA para prosseguir à lavratura e registro dos títulos que envolvessem a aquisição de imóveis rurais por estrangeiros. Dentre estes títulos encontram-se o registro do contrato com alienação fiduciária de imóvel em garantia e, alguns tabelionatos e cartorários, mais conservadores, estenderam as restrições também para o registro de contratos garantidos por hipoteca.

Com a edição deste parecer do CNJ às corregedorias e, por sua vez da vinculação dos cartórios a quaisquer determinações destas, a discussão sobre a validade do parecer da AGU restou superada e as restrições passaram a ser observadas.

Esta celeuma ganhou um novo capítulo com a edição da Instrução Normativa do INCRA n. 88. Esta instrução teve o intuito de organizar os procedimentos para obtenção da autorização pelo INCRA, mas, por outro lado, alterou o conceito do sujeito passivo ao qual a regra era direcionada. Se a lei falava em capital majoritário estrangeiro, a instrução veio e ampliou o conceito, que incluiu qualquer empresa brasileira com controle estrangeiro.

O Art. 116 da Lei 6.404/1976[22] define como acionista controlador aquele que seja titular de direitos de sócio que lhe assegurem a maioria de votos nas deliberações da assembleia-geral e o poder de eleger a maioria dos administradores da companhia. Ou seja, não basta a simples titularidade do capital considerada objetivamente, mas há que se considerá-las qualitativamente, avaliando qual seu poder de decisão sobre as ações da companhia. Neste sentido, ainda que a empresa estrangeira não tenha o capital majoritário das ações, pode-se verificar, pela qualificação das suas ações ou pela existência de eventual acordo de credores, que esta detém o poder de decisão sobre as atividades da empresa, o que por si só a submeteria às restrições para aquisição de terras rurais.

Ainda que se afaste do debate da recepção ou não da norma pela Constituição Federal, numa análise hermenêutica, há que se analisar o Art. 172[23] da mesma Constituição, sob o qual, inclusive, foi fundamentado o próprio parecer, determina que a lei

[22] "Art. 116. Entende-se por acionista controlador a pessoa, natural ou jurídica, ou o grupo de pessoas vinculadas por acordo de voto, ou sob controle comum, que:
a) é titular de direitos de sócio que lhe assegurem, de modo permanente, a maioria dos votos nas deliberações da assembleia-geral e o poder de eleger a maioria dos administradores da companhia; e
b) usa efetivamente seu poder para dirigir as atividades sociais e orientar o funcionamento dos órgãos da companhia. "

[23] "Art. 172. A lei disciplinará, com base no interesse nacional, os investimentos de capital estrangeiro, incentivará os reinvestimentos e regulará a remessa de lucros. "

estabelecerá como ocorrerá o investimento de capital estrangeiro no País. O parecer da AGU dispõe que este artigo faz referência à Lei 5.709/1971. Contudo, não procedeu o Procurador Geral da União à uma análise global das normas.

Ocorre que a lei que disciplina expressamente como deve se dar a aplicação do capital estrangeiro no País é a Lei 4.131/1972. Esta lei, em seu Art. 2[24], estabelece que haverá tratamento idêntico entre o capital brasileiro e o capital estrangeiro investido no País. Assim, as restrições deveriam e poderiam ser aplicadas caso a aquisição do imóvel se desse diretamente pela empresa estrangeira. No caso específico da execução das garantias, por exemplo, o recurso adiantado ao produtor rural, seja ele em dinheiro ou em insumos, já fazia parte do capital nacionalizado da empresa, ou seja, já fora investido no País. Desta forma é inequívoco que para a execução destas garantias sejam aplicáveis as mesmas normas aplicáveis a empresas genuinamente brasileiras.

Estas restrições, que foram tratadas pela Lei 5.709/1971 e regulamentada pelo Decreto 74.965/1974 e impõem limites de duas ordens:

1. Restrições de Caráter Subjetivo, que dizem respeito ao enquadramento como "estrangeiro" para os fins da Lei, conforme exaurido neste item; e
2. Restrições de caráter objetivo, que dizem respeito a características dos próprios imóveis que serão objeto de aquisição, que será abordado no item seguinte.

[24] "Art. 2º Ao capital estrangeiro que se investir no País, será dispensado tratamento jurídico idêntico ao concedido ao capital nacional em igualdade de condições, sendo vedadas quaisquer discriminações não previstas na presente lei. "

3.2. Limitações Objetivas para a Aquisição de Imóveis Rurais por Estrangeiros

A primeira limitação se refere a imóveis rurais localizados na Faixa de Fronteira[25]. A aquisição destes imóveis por pessoa estrangeira, física ou jurídica, só será permitida mediante prévio assentimento do Conselho de Defesa Nacional.

Passemos então a analisar as restrições que levam em consideração a titularidade das terras existentes no município no qual está localizado o imóvel a ser adquirido. A soma das áreas rurais pertencentes a pessoas estrangeiras, físicas ou jurídicas, não pode ultrapassar ¼ da superfície dos Municípios onde se situem. Além disso, num mesmo Município, mais de 40% ou ¼ das terras não podem ser de propriedade de pessoas estrangeiras da mesma nacionalidade.

Vale dizer que, embora a Lei 5.709/1971 determine que o Cartório de Registro de Imóveis faça anotação em cadastro auxiliar especial, distinto do livro do Registro de Imóveis e ainda que estes cartórios elaborem e enviem trimestralmente, à Corregedoria de Justiça dos Estados, a relação de todas as aquisições de imóveis procedidas por estrangeiros que tenham sido submetidas à aprovação do INCRA, não existe hoje um banco de dados que forneça os dados corretos a respeito da nacionalidade dos titulares de imóveis em cada Município, sendo esta uma questão prejudicial à aplicação da Lei. Este fato decorre das diferentes interpretações da lei no decorrer do tempo e dificulta que o controle seja efetuado a partir de agora sem que antes seja procedido a um levantamento da nacionalidade da titularidade de todos os imóveis rurais existentes no País.

Existem ainda as restrições que são aplicadas de acordo com as características individuais de cada imóvel, no que diz res-

[25] De acordo com a Lei 6.634/1.979, entende-se como Faixa de Fronteira a faixa de 150 km de largura paralela à linha divisória terrestre do território nacional.

peito basicamente à sua extensão[26]. Desta forma, os imóveis são divididos em categorias e, de acordo com sua extensão, foram estabelecidos alguns procedimentos adicionais. Estes procedimentos variam também de acordo com a natureza do sujeito adquirente (pessoa física ou jurídica).

Desta forma, temos:

Para Pessoas Físicas:

a. Imóvel até 3 MEI – aquisição permitida e independente de qualquer autorização ou licença, desde que se trate da aquisição de um único imóvel rural.
b. Imóvel entre 3 e 20 MEI – aquisição permitida, havendo necessidade de autorização do INCRA;
c. Imóvel entre 20 e 50 MEI – aquisição permitida, desde que haja aprovação do INCRA e autorização de projeto de exploração pelo Ministério de Desenvolvimento Agrário; e
d. Imóvel acima de 50 MEI – aquisição não permitida, salvo se houver autorização expressa do Presidente da República, ouvido o Conselho de Segurança Nacional e mediante autorização do Congresso Nacional.

Para Pessoas Jurídicas:

a. Imóvel até 100 MEI – aquisição permitida desde que o imóvel seja destinado à implantação de projetos agrícolas, pecuários, industriais ou de colonização vinculados aos seus objetivos estatutários e com aprovação do projeto de exploração pelo Ministério do Desenvolvimento Agrário; e
b. Imóvel acima de 100 MEI – aquisição permitida somente mediante autorização do Congresso Nacional.

[26] Para estes fins, os imóveis são divididos em categorias conforme a sua extensão, sendo esta medida pela unidade MEI – "módulo de exploração definida", que pode variar entre 5 e 100 hectares de acordo com o município no qual o imóvel esta localizado ou de acordo com a ZTM – zona típica de módulo".

As limitações objetivas, portanto, são bem claras e não deixa margem para dúvidas ou interpretações divergentes. Esta afirmativa, entretanto, não é verdadeira para as limitações subjetivas para a aquisição de imóveis rurais, conforme visto.

As aquisições de imóvel rural que ocorram sem observância às disposições da Lei 5.709/1971, explanadas detalhadamente acima, serão eivadas das consequências elencadas no Art. 15 da referida Lei:

a. o negócio jurídico será considerado nulo de pleno direito;
b. o tabelião e o registrador responderão civilmente pelos danos, sem prejuízo da responsabilidade criminal; e
c. o alienante deverá restituir ao adquirente o preço do imóvel.

Com tantos nuances e divergências de interpretações ao longo do tempo, principalmente quanto aos sujeitos de direito aos quais estas restrições deveriam ser aplicadas, vários questionamentos surgiram no âmbito judicial, o que será explorado com mais propriedade na sequência.

3.3. Apreciação da Matéria pelo Poder Judiciário

Estas regulamentações originaram o ajuizamento de várias ações, propostas individualmente ou por associações de classe, com o intuito de obter aprovação judicial para o afastamento destas restrições a empresas brasileiras.

O Órgão Especial do Tribunal de Justiça do Estado de São Paulo, no julgamento do MS 0058947-33.2012.8.26.000 entendeu que o § 1º do Art. 1º da Lei 5.709/1971 não foi recepcionado pela Constituição Federal e que, portanto, as restrições para aquisição de imóveis rurais não poderiam ser aplicadas a empresas brasileiras, independente da nacionalidade de seu capital.

Inspirado nesta decisão, o Corregedor-Geral de Justiça de São Paulo que anteriormente no parecer 250/10-E havia aquiescido à orientação do parecer da AGU, reviu seu entendimento e elaborou o parecer 461- 12-E, dispensando "os tabeliães e oficiais de registro de observarem as restrições e as determinações impostas pela Lei 5.709/1971 e pelo Dec. 74.965/1974, bem como do cadastramento do Portal Extrajudicial, em relação às pessoas jurídicas brasileiras cuja maioria do capital social se encontre em poder de estrangeiros residentes fora do Brasil ou de pessoas jurídicas com sede no exterior." Considerando que os pareceres das Corregedorias de Justiça são dotados de força normativa, os tabeliães do Estado de São Paulo encontraram-se amparados para deixar de proceder às exigências anteriormente estabelecidas.

Incra e União ajuizaram a Ação Cível Originária 2.463 perante o Supremo Tribunal Federal, postulando a anulação desse parecer da Corregedoria Paulista. O pedido liminar que visava a suspensão dos efeitos do referido parecer foi deferido e a ação aguarda julgamento, com os anseios apurados de toda a bancada ruralista.[27] Como fundamento para a liminar que suspendeu os efeitos do parecer da corregedoria de São Paulo, o Min. Marco Aurélio indica que a não aplicação da restrição a empresas brasileiras com capital alienígena proporcionaria a instrumentalização de atos societários visando burlar a legislação:

> A efetividade dessa norma pressupõe que, na locução "estrangeiro", sejam incluídas entidades nacionais controladas por capital alienígena. A assim não se concluir, a burla ao texto constitucional

[27] MEDIDA CAUTELAR – Suspensão de ato administrativo que não reconhece a restrição para aquisição de imóveis rurais por pessoas jurídicas brasileiras cuja maioria do capital social pertença a estrangeiros – Admissibilidade – Vedações previstas em lei federal que, apesar de controvertidas, são constitucionais – Observância da soberania, pressuposto da própria preservação da ordem constitucional, que constitui também princípio da ordem econômica. STF – REsp 2.463 – j. 1/9/2016 – julgado por Marco Aurélio Mendes de Farias Mello – DJe 5/9/2016.

se concretizará, presente a possibilidade de a criação formal de pessoa jurídica nacional ser suficiente à observância dos requisitos legais, mesmo em face da submissão da entidade a diretrizes estrangeiras – configurando a situação que o constituinte buscou coibir.

Outras decisões semelhantes foram publicadas, no sentido de que nenhuma empresa brasileira deveria se sujeitar às restrições da Lei 5.709, independente da origem de seu capital.

No âmbito do STF houve ajuizamento de Arguição de Descumprimento de Preceito Fundamental n. 342 pela Sociedade Rural Brasileira. Tal como as demais ações, tem como objetivo obter a declaração de que o parágrafo 1º do artigo 1º da Lei 5.709/1971 não foi recepcionado pela Constituição Federal.

Considerando as inúmeras interpretações possíveis e divergentes a respeito do conceito de estrangeiro que deve se submeter às restrições para aquisição de terras estrangeiras, e ainda da razoabilidade de se tratar de forma diferente as aquisições conforme a finalidade a quais se destinam e de modo a não desamparar credores que investiram em produtores brasileiros mediante a oferta de garantias sobre direitos reais de imóveis, torna-se evidente que a legislação atual carece urgente de atualização.

Desta forma, importante o estudo dos principais projetos de lei em trâmite nas casas legislativas e seus conteúdos.

3.4. Projetos de Lei em Andamento

O senador Waldemir Moka, do Estado do Mato Grosso do Sul apresentou o projeto de Lei 590/2015 com o intuito de flexibilizar as limitações estabelecidas pela Lei 5.709/71. Seu principal argumento é um impacto negativo de R$ 37,32 bilhões somente no setor florestal após a vigência das restrições, assim como de possíveis prejuízos na ordem de R$ 3,5 bilhões em tributos não arrecadados.

Além deste projeto, também tramita o projeto de Lei 4059/2012 (apensado ao PL 2289/2007), de autoria da Comissão de Agricultura, Pecuária, Abastecimento e Desenvolvimento Rural, de relatoria do deputado Newton Cardoso Júnior, do Estado de Minas Gerais. Este último visa regulamentar o Art. 190 da Constituição Federal de 1988 e, consequentemente, flexibilizar as limitações estabelecidas pela Lei 5.709/71. O Projeto de Lei 4.059/2012 propõe a inaplicabilidade das restrições aos contratos que estabelecem direitos reais sobre imóveis e permite a adjudicação, desde que a alienação da propriedade se dê no prazo de um ano contado desta, sob pena da perda da eficácia da aquisição da propriedade[28].

Dentre os argumentos da Câmara para a aprovação deste Projeto estão a elevação do grau de financiamento dos produtores rurais por multinacionais e *tradings* mantendo o imóvel como garantia de inadimplemento dos contratos, preservando a segurança jurídica dos financiadores na medida que elimina entendimentos díspares sobre a execução de garantias sobre bens imóveis.

4. Efeitos Práticos das Restrições para Aquisição de Imóveis Rurais por Estrangeiros sobre os Contratos de Financiamento Agrário

Desde a publicação do Parecer LA-01 passaram-se 8 (oito) anos e nada foi feito no âmbito legislativo para esclarecer se as restri-

[28] Art. 5. Não se aplicam as restrições previstas nesta Lei nos casos de direitos reais ou pessoais de garantia.
Parágrafo único. Caso a concessão de garantia por instrumento público ou particular importe na aquisição da propriedade por credor atingido por esta lei, essa propriedade será sempre resolúvel e deverá ser alienada no prazo de 1 ano, a contar da adjudicação do bem, sob pena de perda da eficácia da aquisição e reversão do bem ao proprietário original, com desconstituição da garantia.

ções para aquisição de imóveis rurais devem ou não ser aplicadas também a empresa brasileira com capital social majoritário estrangeiro.

As partes dos contratos de financiamento agrário são os produtores rurais como tomadores de crédito de um lado, e as empresas fornecedoras de insumos ou tradings como financiadoras do outro lado. A indefinição sobre a aplicação da Lei 5.709/1971 afeta de sobremaneira a segurança jurídica destes contratos, que como já dito, também estabelecem garantias sobre bens imóveis como mitigadores de risco, para proteção contra o inadimplemento.

Eduardo Augusto bem pontuou o impacto direto destas restrições sobre o investimento privado no agronegócio, demonstrando que as empresas diminuíram sua participação no financiamento dos produtores rurais, visto que se viram sem acesso às garantias que poderiam ser entabuladas nos contratos de financiamento:

> Considerando que muitas das grandes empresas do Brasil estão sob controle estrangeiro, entre elas várias instituições financeiras, esse novel entendimento causou um enorme problema a toda a sociedade, pois afetou a liberação de crédito à população e inibiu o interesse em investimentos no país, colocando o Brasil na contramão do tão desejado desenvolvimento nacional.[29]

No mesmo artigo, Eduardo Augusto menciona ainda que tal entendimento se mostra como uma política de governo ruim:

> A inclusão das empresas nacionais sob controle estrangeiro às restrições da Lei 5.709/1971 poderá gerar sérios prejuízos ao nosso

[29] AUGUSTO, Eduardo, Aquisição De Imóveis Rurais Por Empresas Brasileiras Sob Controle Estrangeiro. Revista de Direito Imobiliário | vol. 71/2011 | p. 387 – 402 | Jul – Dez / 2011 | DTR\2011\5205.

País, não sendo, portanto, uma boa política de governo. Considerando que as grandes empresas (principalmente as instituições financeiras) estão nessa situação, todas as dificuldades e prejuízos a elas impostos serão, de uma forma ou de outra, repassados ao consumidor. A instituição financeira controlada por estrangeiro já saberá, de antemão, que o imóvel rural dado em garantia não poderá ser por ela arrematado para satisfazer seu crédito na hipótese de inadimplemento; consequência: a população terá maiores dificuldades para obter novos empréstimos quando a garantia que se pretende ofertar seja o seu imóvel rural. Diante tudo disso, pergunta-se: qual é a vantagem para o nosso Brasil em discriminar a empresa brasileira sob controle estrangeiro? Se a lei permite a criação e o funcionamento dessas empresas como pessoas jurídicas brasileiras, elas devem e merecem ser tratadas como tal.

Neste mesmo sentido, mas em obra pretérita, datada de 1949 na qual Clovis Bevilaqua[30], ao opinar sobre a inclusão de um artigo na introdução ao Código Civil que previa limitações para aquisição de propriedade imóvel somente para pessoas jurídicas de direito público externo, enfatizou:

> Nesse assunto, não há meio-termo: ou devemos adotar a política chinesa, isolarmo-nos no mundo, ou devemos abrir nossas portas a todos os estrangeiros. Com essa política mesquinha, nunca este país progredirá, nunca será rico" e concluiu, com suas próprias palavras: "era, efetivamente, um recuo, e não pequeno, o que se pretendia.

Bernardo B. Queiroz Moraes[31] menciona a necessidade de investimentos estrangeiros para o crescimento e desenvolvi-

30 BEVILÁQUA, Clovis. *Código Civil dos Estados Unidos do Brasil comentado*. 8. ed. Rio de Janeiro: Francisco Alves, 1949, v. 1. p. 160.

31 MORAES, Bernardo B. Queiroz. Aquisição de Terras por Estrangeiros no Brasil: "Land Grabbing" e o Universalismo Latino-Americano. Revista de

mento do País, destacando a importância de mecanismos de controle de investimentos estrangeiros e não de barreiras impeditivas à ocorrência dos mesmos.

Além disso, ressalta a posição destoante do Brasil em relação a outros Países do BRICS (Brasil, Rússia, Índia e China):

> A nova posição oficial do Governo brasileiro não está adequada à forma de ser e espírito de blocos econômicos dos quais o Brasil faz parte, como o BRICS. Este, por exemplo, desde a sua criação visa criar em cada um de seus membros (Brasil, Rússia, Índia, China e África do Sul) "espaços mais propícios ao investimento estrangeiro" (é claro, contudo, que há outras preocupações que devem ser consideradas, inclusive de um neocolonialismo e potencial ofensa à soberania do país).
>
> É interessante também observar que embora se tenha conseguido aumentar a participação de seus membros no produto mundial, o fluxo de investimentos estrangeiros diretos realizados pelos BRICS entre si não aumentou significativamente (mantendo-se em patamares semelhantes aos do início dos anos 1990). Isso se nota especialmente com relação ao fenômeno da land grabbing, uma vez que os países investidores mais relevantes são externos ao BRICS (destes, os maiores investidores são, em ordem decrescente, a Índia, a África do Sul e a China), apesar de seus membros terem recebido grandes investimentos estrangeiros diretos (em 2010, só para mencionar um exemplo, esses investimentos chegaram a US$ 302,1 bilhões de dólares).
>
> Ou seja, se do ponto de vista jurídico (em face do estado atual da nossa legislação) a solução de ampliar a restrição à aquisição imobiliária por "estrangeiros" parece tecnicamente adequada, talvez do ponto de vista econômico a melhor solução (de lege ferenda) para a questão fosse não restringir esses investimen-

tos estrangeiros e estimular a maior participação de parceiros comerciais nessas aquisições imobiliárias (evitando-se sempre uma excessiva concentração de terras, mesmo que por brasileiros).

O Projeto de Lei 4.059/2012, já mencionado anteriormente andou bem ao propor que as restrições sejam inaplicáveis nos casos em que a adjudicação do imóvel ocorrer pelo credor titular de direito real sobre o mesmo, com a condição de que a alienação do imóvel a terceiro ocorra no prazo de 12 meses contados da adjudicação. Contudo, parece este prazo exíguo para a venda de uma grande propriedade rural sem deságio por venda forçada. De qualquer forma, tal regra se mostra mais razoável que as regras existentes e imprime um mínimo de segurança jurídica ao investidor que pretende fomentar o mercado agrícola.

Como visto, os contratos de financiamento do agronegócio firmados com os entes da iniciativa privada são de grande importância para a economia brasileira. Em paralelo, os instrumentos hoje existentes não garantem a efetividade da execução das obrigações e garantias inadimplidas deste mesmo contrato.

Imperativo, portanto, a criação de instrumentos que garantam sua efetividade, seja para garantir o adimplemento das obrigações nele pactuadas como para dar agilidade à sua execução, incluindo neste conceito a execução das garantias a este contrato agregadas, de modo a garantir a estabilidade da instituição contratual em si mesma.

5. Conclusão

Este estudo constata a necessidade de alterações na legislação de modo a adaptá-la à atualidade, mitigando os reflexos negativos causados na economia do País e, em especial, no desenvolvimento do agronegócio, pelas restrições a aquisição de terras rurais por empresas brasileiras com capital estrangeiro.

Restou demonstrada a necessidade da participação da iniciativa privada no financiamento do agronegócio, uma vez que os custos da atividade, considerando gastos com insumos, aquisição e abertura de terras, compra de maquinários e investimento em tecnologia, entre outros, são significativamente superiores ao crédito subsidiado pelo governo, demonstrando a necessidade da participação da iniciativa privada como financiador suplementar.

Os entes da iniciativa privada, a fim de ser proteger do inadimplemento dos produtores, agregam garantias aos contratos de financiamento, sendo que estas, comumente, possuem como objeto imóveis rurais. Alguns contratos ainda, são formalizados desacompanhados de garantia. Em ambos os casos, se inadimplidos, a execução destes contratos levará à expropriação do patrimônio do devedor, que na sua maioria é representado por imóveis rurais.

Dentre as formas de expropriação, temos como formas mais efetivas a adjudicação e dação em pagamento. Embora mais céleres, não necessariamente são mais benéficas ao credor, uma vez que a administração e venda de imóveis não constitui objeto social destas empresas e que, portanto, recebem estes imóveis na intenção de levá-lo ao mercado para recuperação dos valores referentes ao crédito inadimplido.

É exatamente neste ponto que estas empresas, que em sua maioria muito embora constituídas sob a égide da legislação brasileira, possuem capital majoritário estrangeiro, esbarram nas restrições para aquisição de terras rurais e se veem sem instrumentos efetivos para recuperação de seu crédito.

Considerando a relevância das empresas privadas para o fomento do agronegócio, nada mais razoável que se dê aos instrumentos que formalizam estas operações de financiamento um caráter de efetividade e a possibilidade de agregação de garantias firmes e exequíveis, que possam ser devidamente excutidas em caso de inadimplemento. Estas ações não só garantem que os contratos sejam executados, como possui um caráter didático, pois à medida que as partes compreendem a seriedade e executividade dos documentos que assinam, a tendência é que prezem mais pelo seu adimplemento. Sendo assim, a tendência é também a redução no inadimplemento, o que impacta diretamente índices como Doing Business 2018, no qual o Brasil ocupa a posição 125[32].

Neste sentido, é muito importante que se dê a aprovação do Projeto de Lei 4.059/2012. O procedimento para expropriação de terras por estrangeiros fornece ferramentas ao credor que pretende executar seu crédito inadimplido e, ao mesmo tempo, cuida da soberania do País mantendo as restrições para aquisições destas terras por empresas estrangeiras ou brasileiras com capital estrangeiro.

Referências

ABRÃO, Carlos Henrique. *Agronegócio e títulos rurais.* São Paulo: IOB Thomson, 2006.

ALCANTARA, Guilherme Benages. Aquisição de imóvel rural por empresa brasileira controlada por estrangeiro não residente ou não sediado no Brasil. *Revista de Direito Civil Contemporâneo*, v.5, 2015.

AMARAL, Francisco. *Direito civil: introdução/Francisco Amaral* – 8. Edição. Rio de Janeiro: Renovar, 2014.

BANCO MUNDIAL. *Doing Business in 2018 Brasil.* Disponível em <http://portugues.doingbusiness.org>. Monitoring, Analysis and Policy Unit – Investment Climate Department, World Bank Group, 2018. Acesso em: 23 de junho de 2018.

BURANELO, Renato. *Manual do Direito do Agronegócio.* São Paulo: Saraiva, 2013.

BURANELO, Renato. *Sistema Privado de Financiamento do Agronegócio.* Regime Jurídico. 2ª. edição. São Paulo: Quartier Latin, 2011.

32 BANCO MUNDIAL. Doing Business in 2018 Brasil. Disponível em <http://portugues.doingbusiness.org>. Monitoring, Analysis and Policy Unit – Investment Climate Department, World Bank Group, 2018. Acesso em: 23 de junho de 2018.

CAETANO, Marcela. *Porteira aberta para os estrangeiros*. Disponível em:<http://www.dinheirorural.com.br/porteira-aberta-para-os-estrangeiros/>. Acesso em: 23 de junho de 2018.

CAMOLESI, Marcos Roberto Haddad. *Aquisição e uso de imóvel rural por estrangeiro*. Disponível em: <http://www.boletimjuridico.com.br/ doutrina/texto.asp?id=1866>. Acesso em: 23 de junho de 2018.

COSTA, Heron Vargas da Costa. Implicações do Direito Notarial na Aquisição de Imóvel Rural por Estrangeiro. *Revista Síntese de Direito Civil e Processual Civil*, Ano VI, n. 32, Nov /Dez.2004.

DINIZ, Maria Helena. *Código Civil Anotado*. 16ª. edição. São Paulo: Saraiva, 2012.

Enei, José Virgílio Lopes. *Project Finance*. São Paulo: Saraiva, 2007.

GAZZONI, Decio Luiz. *Como alimentar 10 bilhões de cidadãos na década de 2050?*. Sociedade Brasileira para o Processo na Ciência. Disponível em: <http://cienciaecultura.bvs.br/scielo.php?script=sci_arttext&pid=S0009-67252017000400012>. Acesso em: 24 de junho de 2018.

HACKBART, R. *Aquisição de imóveis rurais por estrangeiros*. 2008. Disponível em:http://www.senado.gov.br/comissoes/CRA/AP/AP20080305_Rolf_Hackbart. pdf. Acesso em: 23 de junho de 2018.

HAGE, F.A.S.; PEIXOTO, M.; VIEIRA FILHO, J.E.R.. *Aquisição de Terras por Estrangeiros no Brasil: Uma Avaliação Jurídica e Econômica*. Disponível em https://ainfo.cnptia.embrapa.br/digital/bitstream/item/82672/1/Aquisicao-de--terras-por-estrangeiros-no-Brasil.pdf Acesso em:13 de junho de 2018.

INCRA – Instituto de Colonização e Reforma Agrária, *Manual para Orientação de Aquisição de Imóvel Rural por Estrangeiro*. 2017. Disponível em: <http://www.incra.gov.br/estrutura-fundiaria/regularizacao--fundiaria/aquisicao-e-arrendamento-de-terras-por-estrangeiro/file/1664-manual-de-orientacao-para-aquisicao-e-arrendamento-de--imovel-rural-por-estrangeiro>. Acesso em: 23 de junho de 2018.

KELSEN, Hans. 1967, p.366 apud COSTA, Heron Vargas da Costa. Implicações do Direito Notarial na Aquisição de Imóvel Rural por Estrangeiro. *Revista Síntese de Direito Civil e Processual Civil*, Ano VI, n. 32, Nov/Dez. 2004.

LEITE, Vera Lucia Marques. Aquisição de imóvel rural por estrangeiros: limitações ao direito de propriedade, fundado nas ideias de segurança e soberania. *Revista Amazônia Legal: de estudos sócio-jurídico-ambientais*. Ano 2, n. 4, Universidade Federal de Mato Grosso, 2008.

MARQUES, Claudia Lima; BENJAMIN, Antônio Herman V.; MIRAGEM, Bruno. *Comentários ao Código de Defesa do Consumidor: Arts. 1º a 74: aspectos materiais*. São Paulo: Ed. RT, 2004.

MORAES, Oswaldo Leite de. Venda de Terras a Estrangeiro Comentários ao Decreto-Lei n. 494, de 10 de março de 1969, que regulamenta o ato complementar n.45, de 30 de janeiro de 1969. *Doutrinas Essenciais de Direito Registral*, vol. 6, DTR\2012\834, p. 833, Dez / 2011.

NERY JR, Nelson; NERY, Rosa Maria de Andrade. *Código Civil Comentado*. São Paulo: Revista dos Tribunais, 2006.

PEREIRA, Caio Mario da Silva. *Instituições de Direito Civil. V. 4: Direitos Reais*. 20 ed. Rio de Janeiro: Forense, 2009.

PIB-AGRO/CEPEA: *Agronegócio Favorece Crescimento Do Pib Nacional E Ajuda No Controle Da Inflação*. Disponível em: <https://www.cepea.esalq.usp.br/br/releases/pib-agro-cepea-agronegocio-favorece-crescimento-do--pib-nacional-e-ajuda-no-controle-da-inflacao.aspx>. Acesso em: 24 de junho de 2018.

QUEIROZ DE MORAES, Bernardo Bissoto. Aquisição de Terras por Estrangeiros no Brasil: "Land Grabbing" e o Universalismo Latino-Americano. *Revista de Direito Civil Contemporâneo*, vol. 10/2017, DTR\2017\479, p. 73 - 99, Jan - Mar/2017.

REIS, Marcos. *Manual Jurídico da CPR*. Belo Horizonte: Fórum, 2016.

RODRIGUES, Silvio. *Direito Civil. V.5: Direito das Coisas*. São Paulo: Saraiva, 1993.

RUELLA, Geovana Muniz. *A aquisição de imóveis rurais por estrangeiros no Brasil: análise dos pareceres GQ-22/94, GQ 181/97 e LA-01/08 da AGU. 2012*. 2012. 69 f. Monografia (Bacharelado em Direito) - Centro Universitário de Brasília, Brasília, DF, 2012.

SAUER, Sérgio. Demanda Mundial por Terras: "land grabbing" ou oportunidade de negócios no Brasil? *Revista de Estudos e Pesquisas sobre as Américas*, vol. 04, n. 1/2010, pp. 72-88.

SANTA HELENA, Eber Zoehler. O estrangeiro e a aquisição de imóveis rurais no direito nacional comparado. *Revista Jurídica do Ministério da Defesa*, Brasília, n.1, Nov. 2004.

SILVA, Bruno Mattos e. *Aquisição de imóvel por estrangeiros*. Jus Navigandi, Teresina, ano 17, n. 3164, 29 fev. 2012. Disponível em: <http://jus. com.br/artigos/ 21182>. Acesso em: 23 de junho de 2018.

TARTUCE, Flávio. *Manual de direito civil*. São Paulo: Método, 2012.

TEPEDINO, Gustavo. BARBOSA, Heloisa Helena. MORAES, Maria Celina Bodin. *Código Civil Interpretado conforme a Constituição da República*. Vol. III. 2ª. edição. Rio de Janeiro: Renovar, 2014.

TORRES A. V. S e SILVA L. A. G. C. *Aquisição de Terras por Estrangeiros – Legislação Comparada*. Setembro de 2011. Disponível em <http://bd.camara.

leg.br/bd/bitstream/handle/bdcamara/12498/aquisi%C3%A7ao_terras_ torres%26silva.pdf?sequence=>. Acesso em: 23 de junho de 2018.

WAKSMAN, Muriel. Aspectos Econômicos e Perspectivas do Agronegócio. *Revista de Direito Empresarial*, vol. 6/2014, DTR\2014\20582, p. 211 – 227, Nov – Dez / 2014.

Cláusula Limitadora de Indenização em Contratos Empresariais

Livya Knoll

1. Introdução

O presente trabalho busca estudar as cláusulas limitadoras de responsabilidade especialmente em contratos empresariais paritários, ou seja, livremente negociados por partes que se encontram em condições de igualdade. Serão avaliados os requisitos de validade das cláusulas limitadoras de responsabilidade, seu conteúdo, forma, abrangência, eficiência, as restrições à sua validade, aspectos que as diferenciam de outros institutos similares, a aceitação pelo judiciário brasileiro quando estas são levadas à sua apreciação e, consequentemente, a segurança jurídica trazida por tais cláusulas aos negócios empresarias. Para tanto, serão trazidas, majoritariamente, as visões de Wanderley Fernandes, José de Aguiar Dias e Ana Prata.

Inicialmente, será essencial trazer noções de responsabilidade civil, elucidando as diferenças entre responsabilidade civil contratual e extracontratual, e a definição de contrato empresarial. Ainda, será importante analisar a relação do tema com a alocação de riscos e a responsabilidade na negociação contratual entre as partes empresárias. Faremos isso no primeiro capítulo do trabalho.

No segundo capítulo, este estudo deverá analisar quais são as características essenciais das cláusulas limitadoras de indenização, os elementos importantes na elaboração da cláusula para que seja possível assegurar sua eficiência de forma concreta, tanto para que as partes possam, ao firmar um contrato, mensurar seu risco de negócio e, consequentemente, seu preço, quanto para que as partes possam efetivamente valer-se das disposições contratuais acordadas caso precisem recorrer à reparação de danos, judicialmente ou extrajudicialmente. Deve ser considerado que a cláusula limitadora de indenização tem função econômica importante nos contratos e, portanto, sua adequada construção e eficiência traz segurança jurídica às negociações e auxilia na realização dos negócios empresarias.

No capítulo seguinte, vamos estudar as restrições à validade da cláusula limitadora de indenização, a começar por uma das mais longas discussões deste tema, que trata dos casos de descumprimento do contrato por culpa grave ou dolo. Acirradas discussões também existem sobre o próprio conceito de culpa grave, sobre como tipificar determinadas ações como culpa grave, e se o tratamento jurídico da culpa grave deve ser equiparado ao dolo. Essas diferentes visões serão abordadas nesse capítulo. Outra questão a ser discutida é em relação ao descumprimento da obrigação principal do contrato, a chamada *fundamental breach*, que também será estudada. Pondera-se, ainda, outras restrições à validade da cláusula limitadora de indenização, como a violação às normas de ordem pública e às normas cogentes, e casos de morte e lesão à integridade física da pessoa humana.

No quarto capítulo, traçaremos a diferença entre a cláusula limitadora de indenização e a cláusula penal compensatória, utilizada frequentemente pela doutrina para justificar a validade da primeira. É certo que, apesar dos dois institutos trazerem pontos em comum, eles apresentam algumas diferenças importantes que devem ser estudadas. Veremos, também, as diferenças entre as cláusulas limitadoras de indenização e as cláusulas de exoneração de responsabilidade, muitas vezes tratadas sem distinção pelas partes contratantes, erroneamente.

Por fim, faremos uma análise da jurisprudência brasileira, e de certa tendência do judiciário de simplesmente ignorar a cláusula de limitação de indenização e arbitrar indenizações sem valer-se de qualquer parâmetro estabelecido pelas partes em contrato. Como há maior clareza no judiciário quando analisamos outros tipos contratuais, não é frequente ver casos de contratos empresariais paritários sendo devidamente discutidos pelos nossos juízes. Veremos as razões disso e os tipos de decisões que existem hoje no judiciário sobre as cláusulas limitadoras de indenização.

Nota-se que o tema é, sem dúvidas, muito amplo, permitindo o estudo de diversos aspectos a ele relacionados. As cláusulas limitadoras de indenização geram, cotidianamente, atritos em negociações contratuais. Mas, justamente por se tratar de um tema ainda não discutindo amplamente pelo judiciário, seria a cláusula de limitadora de indenização capaz de trazer segurança jurídica para as partes e, consequentemente, ser utilizada como um elemento precificador de risco? Essas serão as bases do que deveremos explorar a seguir.

2. Contratos Empresariais, Responsabilidade Civil Contratual e Riscos

Permeiam este artigo algumas matérias e definições que, apesar de não serem rigorosamente exploradas, são expostas a seguir como premissas para o restante do estudo.

2.1. Contratos Empresariais

Uma vez que este estudo visa analisar as cláusulas limitadoras de indenização principalmente quando inseridas no mundo dos contratos empresariais, fundamental se faz definirmos o que entendemos como "contratos empresariais". Doutrinadores brasileiros apresentam algumas definições, como Manoel Queiroz de Pereira Calças, que diz o seguinte:

> Os contratos, quando celebrados entre empresários, isto é, entre pessoas físicas ou jurídicas que exerçam atividade econômica organizada, com finalidade especulativa, podem ser chamados de contratos empresariais[1]

Esta definição, contudo, não prevê que contratos firmados no âmbito da atividade econômica organizada podem, em algumas situações, ser representativos de uma relação de consumo, que seria, por isso, regida pelo Código de Defesa do Consumidor e não caracterizaria um contrato empresarial. Assim, outro aspecto importante da definição é qualificar como contratos empresariais apenas aqueles contratos paritários, ou seja, acordados entre iguais e, portanto, regidos pelo Código Civil. Nestes contratos, observamos o princípio da autonomia da vontade de forma clara, encontrando seus três principais aspectos, conforme organizados por Teresa Ancona Lopez: "1) a liberdade de contratar ou não, de participar ou não da celebração de um contrato; 2) a liberdade de escolha da outra parte (com quem contratar); 3) liberdade de fixar o conteúdo dos contratos (liberdade contratual)".[2]

A definição de contratos empresariais também deve prever a causa do contrato. Ou seja, não basta que ele seja um contrato paritário firmado entre empresários para ser considerado um

[1] CALÇAS, Manoel de Queiroz Pereira. Revisão Judicial de Contratos entre Empresários in Revista do Instituto de Pesquisas e Estudos – Divisão Jurídica, Bauru: Instituição Toledo de Ensino, 2000, p. 37.

[2] LOPEZ, Teresa Ancona. FERNANDES, Wanderley. (Coord.) Fundamentos e Princípios dos Contratos Empresariais, São Paulo: Editora Saraiva, 2009. p. 10.

contrato empresarial, mas necessário ainda que ele tenha como causa a atividade econômica destes agentes. Podemos entender, então, que o contrato empresarial deve trazer dois importantes aspectos para ser assim definido: as partes e sua causa.

Unificando estes aspectos, o Professor Kleber Luiz Zanchim oferece a seguinte definição de contratos empresariais que entendemos bastante apropriada:

> A categoria dos contratos empresariais é aquela que congrega contratos celebrados entre empresários, cuja função esteja caracterizada pela causa geral própria. [...] [A causa geral própria] trata-se da circulação de fatores de produção ou de objetos de empresa, em relação aos quais as partes contratantes dispõem, em conjunto e ao menos presumivelmente, das informações relevantes para a sua contratação.[3]

2.2. Responsabilidade Civil Contratual e Extracontratual

A responsabilidade civil encontra-se prevista no art. 927 do Código Civil, que traz:

> Art. 927. Aquele que, por ato ilícito (arts. 186 e 187), causar dano a outrem, fica obrigado a repará-lo.
>
> Parágrafo único. Haverá obrigação de reparar o dano, independentemente de culpa, nos casos especificados em lei, ou quando a atividade normalmente desenvolvida pelo autor do dano implicar, por sua natureza, risco para os direitos de outrem.

Contudo, a responsabilidade civil pode dividir-se em contratual e extracontratual quando analisada sob o ponto de visto do seu fato gerador. De forma geral, podemos dizer que a responsabilidade contratual decorre do descumprimento de uma obri-

[3] ZANCHIM, Kleber Luiz. Contratos empresariais, São Paulo: Quartier Latin, 2012. p. 71.

gação, de um pacto, previamente acordado. Ou seja, depende da existência de vínculo jurídico prévio entre os agentes. Por sua vez, a responsabilidade extracontratual decorre do descumprimento de uma lei ou de um dever, e, via de regra, não pressupõe uma relação jurídica prévia entre as partes.

A responsabilidade contratual é prevista no artigo 389 do Código Civil e, pelo trecho grifado por nós, fica claro que o artigo prevê a existência de uma obrigação previamente acordada:

> Art. 389. *Não cumprida a obrigação,* responde o devedor por perdas e danos, mais juros e atualização monetária segundo índices oficiais regularmente estabelecidos, e honorários de advogado.

A distinção entre a responsabilidade contratual e extracontratual é importante, pois, em caso de dano, o tipo de responsabilidade pode alterar a abrangência da indenização, o ônus da prova e a prescrição. Não nos aprofundaremos nessa distinção, mas veremos adiante que a validade da cláusula limitadora de indenização é questionada pelos doutrinadores em caso de responsabilidade extracontratual. Assim, usualmente, quando se discute cláusula limitadora de indenização, a discussão refere-se à responsabilidade contratual. Esta é a delimitação do estudo também neste artigo.

2.3. Riscos e Responsabilidades

A atividade econômica tem como seu objetivo fundamental o lucro, que pode ser visto como uma "recompensa" pela assunção de riscos pelo empresário. A definição de risco que nos é dada por Antônio Marcos Duarte Junior, citado por Wanderley Fernandes, deixa clara esta ideia, ao defini-lo como "a medida de incerteza associada aos retornos esperados dos investimentos".[4]

[4] DUARTE JUNIOR, Antonio Marcos. A importância do gerenciamento de riscos corporativos em bancos. In: ______; VARGA, Gyorgy (Orgs.) Gestão de riscos

Ou seja, o risco é o grau de incerteza associada ao lucro esperado de um determinado negócio. Evidente, portanto, a necessidade de se mensurar e controlar o risco em um negócio com base nas informações disponíveis no momento em que um negócio é fechado, incluindo aqui o caráter subjetivo desta análise, a fim de gerenciar tal risco adequadamente.

Uma vez mensurado o risco, dentro do possível, tal cálculo influenciará diretamente no preço do negócio, e o direito contratual terá papel fundamental em distribuir e alocar os riscos entre os agentes econômicos para a definição do risco do negócio.

É certo que o Código Civil traz, em seu artigo 393, solução para riscos totalmente imprevisíveis, advindos de caso fortuito e de força maior, e também para os casos de onerosidade excessiva, nos artigos 478 e seguintes; contudo, a importância dos contratos é justamente na regulação dos danos que uma parte possa causar a outra de forma culposa ou não. Apesar de, para estes casos, o Código Civil também trazer um remédio, tal qual o princípio geral da responsabilidade civil conforme já tratado aqui, fato é que os danos causados pelo inadimplemento de uma obrigação contratual não podem ser totalmente calculados de antemão, no momento em que o contrato se forma, pois, apesar de serem, certas vezes, previsíveis, de acordo com a natureza dos negócios, é impossível que as partes consigam estressar todos os cenários e hipóteses de danos possíveis de serem causados pelo inadimplemento de suas obrigações.

Daí a importância das cláusulas limitadoras de indenização. Uma vez que o risco é justamente a mensuração da incerteza do negócio, e que o preço do negócio varia de acordo com a rela-

no Brasil. Rio de Janeiro: Financial Consultoria, 2003. p. 3. apud FERNANDES, Wanderley. Cláusulas de exoneração e de limitação de responsabilidade. 1. ed. São Paulo: Saraiva, 2013. p. 45.

ção risco *versus* lucro, é importante trazer certa previsibilidade e segurança para contrato empresarial, prevendo a reparação que as partes poderão esperar ainda que venham a ocorrer danos não imaginados inicialmente, oriundos do inadimplemento contratual. Assim conclui José de Aguiar Dias, quando conceitua as cláusulas limitadores de indenização por este aspecto, inclusive, e diz que a cláusula limitadora de indenização é a "*cláusula* [que] *tem por função alterar o sistema de riscos no contrato.*"[5]

3. Cláusula Limitadora de Indenização

3.1. Definição

Antes de definirmos a cláusula limitadora de indenização, se faz mister esclarecer a terminologia utilizado neste trabalho. José de Aguiar Dias, em obra pioneira sobre o tema, utiliza-se da expressão *cláusula de não indenizar*[6] já em seu título. Ainda, na mesma obra, utiliza-se de *cláusula de irresponsabilidade* e *cláusula de limitação de responsabilidade*. Contudo, a expressão *cláusula de não indenizar* não nos permite entender se esta se refere a exoneração total ou parcial da responsabilidade.

Wanderley Fernandes, um dos maiores estudiosos sobre o assunto no Brasil, utiliza-se do termo *cláusula limitadora de responsabilidade*[7], por vezes usado por José de Aguiar Dias. É possível, ainda, encontrar em seus trabalhos as expressões *cláusula limitativa de responsabilidade*, *cláusula de não responsabilidade*, entre outras.

Assim, inicialmente, esclarecer que o foco deste trabalho será a limitação e não a exoneração da indenização. Ainda,

[5] DIAS, José de Aguiar. Da responsabilidade civil. 12. ed. Rio de Janeiro: Lumen Juris, 2011. p. 58.

[6] DIAS, José de Aguiar. Cláusula de não indenizar. 4. ed. Rio de Janeiro: Forense, 1980.

[7] FERNANDES, Wanderley. Cláusulas de exoneração e de limitação de responsabilidade. 1. ed. São Paulo: Saraiva, 2013.

entendemos que tal cláusula se forma quando as partes optam por negociar o montante máximo de eventual indenização devida uma a outra, o que significa dizer que as partes estão negociando a *monta da indenização* e não a *responsabilidade*. Desta forma, optamos pela terminologia "cláusula limitadora de indenização". Contudo, podemos nos valer da definição de Wanderley Fernandes da mesma forma, que define este tipo de cláusula como "convenções pelas quais as partes, em certos termos, previamente à ocorrência de um dano, [...] estabelecem limites, fixos ou variáveis, ao valor da indenização."[8]

Silvio Venosa também oferece uma definição interessante. O professor afirma:

> Aqui [nas cláusulas limitadoras de indenização], as partes não excluem, mas limitam a responsabilidade decorrente de um ato ilícito ou inadimplemento até determinado valor. Nessa cláusula, limita-se, antecipadamente, a soma que o devedor pagará a título de perdas e danos. [...] Seu conteúdo é exclusivamente indenizatório. Trata-se, sem dúvida, de elemento dinamizador dos negócios.[9]

Ou seja, são cláusulas que visam limitar o montante da indenização eventualmente devida por uma das partes contratantes à outra por prejuízos patrimoniais que venham a causar.

3.2. Características e Legitimação

Das definições trazidas acima, podemos extrair alguns elementos que caracterizam uma cláusula limitadora de indenização.

A primeira característica é que a cláusula deve ser parte de um contrato. Pode parecer óbvio, mas isso pressupõe a existência de uma relação prévia entre as partes, em um contexto de

[8] Ibidem, p. 112.

[9] VENOSA, Silvio de Salvo. Curso de direito civil: responsabilidade civil. 7. ed. São Paulo: Atlas, 2007. p. 61.

negociação. Podemos até mesmo aceitá-la em ambiente de negociação pré-contratual, desde que haja espécie de memorando de entendimento regulando as obrigações das partes neste estágio e, em tal documento, seja definida a cláusula limitadora de indenização. Essa característica é importante quando pensamos em direito do consumidor e nos avisos de isenção de responsabilidade que são fixados em quadros de aviso, placas, que são escritos em recibos, tickets etc. Sem a clareza de que o credor aceitou os termos da cláusula, ela não será válida. Nos contratos empresariais paritários, nosso foco neste artigo, podemos pensar em outros exemplos, como um contrato negociado pelas partes de forma escrita, com certos representantes, e uma cláusula apartada enviada por e-mail com a qual outros representantes tenham concordado, também por e-mail. Nesta situação, a certeza de que a cláusula foi efetivamente negociada entre as partes se perde.

A segunda características é que a cláusula deve trazer expressamente um acordo que seja uma limitação ao regime geral da responsabilidade civil integral. Ou seja, outras limitações acordadas entre as partes, como o negócio jurídico processual, onde encontramos inversão do ônus da prova, reduções de prazos processuais ou de renúncia a certos recursos, por exemplo, não integram cláusulas limitadoras de indenização.

A terceira característica é que ela deve ser anterior ao dano. Caso a limitação não seja estipulada de forma prévia, mas negociada entre as partes apenas após a ocorrência do dano, não há mais a possibilidade da criação de uma cláusula limitadora de indenização, mas sim de um mero acordo extrajudicial entre as partes. Na prática empresarial, é comum a contratação através de ordens de compra e cartas de intenção, por exemplo. Nestes casos, as condições gerais de contratação costumam ser discutidas pelas partes em momento posterior. Wanderley Fernandes destaca que, nesses casos, se os documentos iniciais possuírem elementos suficientes para que seja formado um contrato, este estará consolidado com o aceite da oferta. Desta forma, a parte que receber, posteriormente, documento com termos e condições gerais onde conste a cláusula limitadora de indenização não estará obrigada a aceitá-la.[10]

Para legitimar da cláusula limitadora de indenização, são muito comuns estudos de autores que sugerem a autonomia da vontade das partes como elemento essencial da cláusula limitadora de indenização. Contudo, como expusemos acima, a autonomia da vontade das partes é pressuposto para a própria formação do contrato empresarial, foco deste trabalho. Assim, não podemos dizer que ela basta para legitimar a cláusula em questão, sendo, na verdade, um pressuposto que permite que as partes cheguem ao estágio onde este tipo de negociação é possível.

Como aponta Wanderley Fernandes, além das características acima, são necessárias às cláusulas limitadoras de indenização a razoabilidade (*reasonableness*) e o equilíbrio (*fairness*).[11] Assim, não basta que aquilo convencionado na cláusula limitadora de indenização tenha sido simplesmente decidido livremente entre as partes, se seu conteúdo não passar por um teste de razoabilidade ou equilíbrio quando avaliada por terceiros.

Assim, podemos concluir que há quatro características às cláusulas limitadoras de indenização, isto é, ser parte de um contrato, trazer limitação expressa ao regime geral da responsabilidade civil integral, ser anterior ao dano, e ser razoável e equilibrada.

De forma simplificada, estas são as condições gerais de validade da cláusula sob estudo. Veremos no Capítulo 3, porém,

[10] FERNANDES, Wanderley. Cláusulas de exoneração e de limitação de responsabilidade. 1. ed. São Paulo: Saraiva, 2013. p. 300.

[11] Ibidem, p. 107.

que tal cláusula sofre uma série de limitações à sua validade, conforme amplamente discutido pela doutrina.

3.3. Forma e Conteúdo

Chegamos às quatro características da cláusula limitadora de indenização: ser parte de um contrato, trazer limitação expressa ao regime geral da responsabilidade civil integral, ser anterior ao dano, e ser razoável e equilibrada. Assim, podemos concluir que um dos requisitos *formais* para a cláusula limitadora de indenização é que ela apresente essas características discutidas.

Em sua forma, porém, outro requisito é que a cláusula limitadora de indenização traga redação clara e transparente. Mesmo em relações paritárias, a sofisticação da linguagem da cláusula deve ser proporcional ao conhecimento técnico das partes, sendo clara, inclusive, para agentes alheios à negociação do contrato, mas que estejam envolvidos com sua execução.[12]

Os contratos paritários, ainda, não se confundem com contratos de adesão e, portanto, neles não há a necessidade de se dar destaque à cláusula através de negritos, letras maiúsculas, tamanho da fonte ou assinatura apartada, desde que claro o contexto negocial havido entre as partes.

Possível observar, do exposto, que a formalidade da cláusula tem o objetivo de deixar claro o ambiente de livre negociação e o consentimento informado da parte que abre mão do seu direito de indenização integral.

O *conteúdo*, por sua vez, sofre restrições pelos requisitos de validade, conforme veremos adiante, no Capítulo 3. Mas, de modo geral, deve tratar, obviamente, da limitação da indenização decorrente do inadimplemento das obrigações. A limitação pode se dar de várias formas diferentes. Com base nos riscos

[12] FERNANDES, Wanderley. Cláusulas de exoneração e de limitação de responsabilidade. 1. ed. São Paulo: Saraiva, 2013. p. 352 e ss.

a que se submetem as partes, pode-se limitar o valor da indenização a um montante fixo, a um percentual do valor do contrato, ao valor pago pelo credor até o momento da ocorrência do inadimplemento, ao valor específico da soma de determinado número de parcelas, a uma fórmula de probabilidade estipulada pelas partes... há diversas possibilidades. Pode-se até mesmo destacar-se previamente um bem do devedor para o pagamento da indenização, pois, se esse bem tiver valor inferior ao do dano causado, estaremos tratando de limitação à indenização.

Além do valor, as partes podem, ainda, limitar a indenização com base no tipo de dano causado. Assim, é possível acordar-se a exoneração de certos tipos de danos, enquanto permanece a obrigação de se indenizar outros tipos de danos, com ou sem limitação. O exemplo clássico é a exclusão da indenização devida por lucros cessantes, muito comum nos contratos empresariais. Neste caso, haveria efetiva *limitação* da indenização, pois seriam indenizados os danos diretos, exceto pelos lucros cessantes.

Nesta seara, a fim de exonerar-se certos tipos de danos, é habitual os contratos empresariais valerem-se de expressões comuns no direito americano que acabam sendo traduzidas de forma literal para utilização em contratos em português, ainda que não tragam relação direta com o ordenamento jurídico brasileiro. Muitas vezes, as partes negociam a exclusão da indenização para certos tipos de danos utilizando termos como *danos indiretos*, *danos consequentes*, *danos punitivos*, *danos incidentais* etc, que não têm um conceito equivalente claro no direito brasileiro, e muitas vezes nem mesmo as próprias partes sabem ao certo o que estão negociando ao utilizarem essas expressões. Portanto, é fundamental que, caso tais expressões sejam utilizadas pelas partes, que estas conceituem estes institutos na própria redação, evitando que, no futuro, haja divergência de interpretação entre as partes ou até mesmo pelo judiciário sobre a abrangência das cláusulas.

Dúvida comum entre as partes, o que muitas vezes estende o processo de negociação contratual, é a necessidade ou não da cláusula ser bilateral. Não há nenhuma exigência de que a cláusula traga limitações recíprocas, principalmente porque, muitas vezes, a obrigações de uma das partes é apenas pecuniária, de pagar pelos serviços prestados, enquanto a outra parte tem a obrigação de executar atividades que trazem, efetivamente, riscos atrelados a elas. Assim, a cláusula pode ser unilateral, sem que isso configure desequilíbrio contratual, desde que tais disposições sejam efetivamente negociadas no contexto de relações empresariais, em contratos paritários.

Tampouco é necessário que a cláusula traga contrapartidas expressas. O fato da limitação da indenização ser, muitas vezes, o que permite que uma das partes possa assumir o risco da contratação e realizar o negócio, já é, por si só, a contrapartida da cláusula. Portanto, não há que se exigir um benefício para a aceitação da cláusula, como a redução do preço do contrato, por exemplo, pois entende-se que a mitigação daquele risco por meio da cláusula limitadora de indenização já impacta o preço do contrato, como estudamos no Capítulo 1, "Riscos e Responsabilidades". É o que conclui Silvio Rodrigues:

> [...] encontra-se uma opinião bem difundida, segundo a qual [a cláusula de não indenizar] só teria eficácia se correspondesse a uma vantagem paralela, em benefício do outro contratante. [...] Todavia, como isso é o que habitualmente ocorre, não se deve, necessariamente, enquadrar entre os requisitos indispensáveis a sua validade.[13]

[13] RODRIGUES, Silvio. Direito civil: responsabilidade civil. 19. ed. São Paulo: Saraiva, 2002. v.4. p. 181-182.

4. Restrições à Validade da Cláusula Limitadora de Indenização

Como demonstrado anteriormente, não basta que o conteúdo da cláusula limitadora de indenização tenha sido decidido livremente entre as partes, se seu conteúdo não passar por um teste de razoabilidade e equilíbrio quando avaliada. A doutrina se dedica a estudar os critérios dessa razoabilidade, como o equilíbrio das partes, tanto econômica quanto juridicamente, por exemplo. Alguns cenários, contudo, podem ferir a razoabilidade ou o senso de *fairness* da cláusula e restringir a sua validade. Assim, passaremos a estudar os casos de descumprimento contratual por dolo ou culpa grave, a possiblidade de limitação de responsabilidade nos casos em que há o descumprimento da obrigação principal do contrato (conhecido como *fundamental breach*), e ainda a possibilidade de se exonerar de responsabilidade aquele que fere normas de ordem pública ou cogentes, como nos casos de morte e lesão física à pessoa humana.

4.1. Dolo e Culpa Grave

Uma das mais longas discussões sobre os requisitos de validade da cláusula limitadora de indenização trata dos casos de inadimplemento contratual por culpa grave ou dolo. A doutrina majoritária entende que não seria válido limitar a responsabilidade do devedor nestes cenários, até mesmo por questões morais. É o que afirma José de Aguiar Dias:

> No terreno do dolo, não seria possível, por certo, admiti-la. O sentimento moral corrente não admite que alguém se exonere das consequências de sua malícia [...], mas isso não se refere em especial à cláusula de irresponsabilidade, e sim a todas as convenções, que nenhuma tolera objeto imoral ou ilícito.[14]

[14] AGUIAR DIAS, José de. Cláusula de não indenizar. 4. ed. Rio de Janeiro: Forense, 1980. p. 48

Em primeira análise, exonerar o devedor da indenização ou até mesmo limitá-la pelo descumprimento doloso do contrato acaba por esvaziar a obrigação, tornando o compromisso jurídico sem sentido, uma vez que não é possível exigir seu cumprimento, total ou parcial. Como indica Ana Prata, uma cláusula nesse sentido seria uma condição potestativa do devedor, que tiraria do credor a indenização, que se configura como sua última forma de satisfação.[15]

Contudo, há doutrinadores, principalmente no direito português, que defendem que a cláusula limitadora de indenização em caso de descumprimento por dolo limitaria apenas o direito do credor a uma indenização, mas não impediria que este se valesse de outras ferramentas legais para exigir o cumprimento da obrigação. Discute-se ainda se o dolo deve ser visto no sentido de intenção de *descumprir o contrato* ou intenção de efetivamente *causar um dano* a outra parte. Entendemos que esta discussão é importante, mas vemos em outros argumentos o fundamento para a restringir a validade de uma cláusula limitadora de indenização em caso de descumprimento por dolo, que se sobrepõem a tal polêmica: a função econômica-social do contrato e a boa-fé objetiva.

Os agentes que entram em uma relação obrigacional acreditam na promessa de cumprimento contratual da outra parte e, a partir dela, assumem uma série de obrigações econômicas subjacentes, que dependem do cumprimento da promessa inicial da outra parte. Como bem exemplifica Wanderley Fernandes, um banco não oferecerá financiamento ao mutuário que não tiver a responsabilidade de implementar o projeto que vai gerar a riqueza necessária para que ele pague aquele financiamento de volta ao banco.[16]

[15] Prata, Ana. Cláusulas de exclusão e limitação de responsabilidade contratual. Reimp. Coimbra: Almedina, 2005. p. 285-286.

[16] Fernandes, Wanderley. Cláusulas de exoneração e de limitação de responsabilidade. 1. ed. São Paulo: Saraiva, 2013. p. 217 e ss.

Assim, ainda que haja debate sobre a possibilidade de não se indenizar a outra parte (ou até de se limitar a indenização) em caso de descumprimento contratual por dolo, por questões morais e para evitar o esvaziamento da obrigação, o fundamento de que a exoneração ou a limitação acabaria por ferir a função econômica-social fundamental do contrato e a boa-fé objetiva é suficiente para nos fazer crer que, nessa hipótese, a cláusula não deve ter validade.

A mesma conclusão estende-se à culpa grave. É o entendimento majoritário da doutrina que a culpa grave se equipara ao dolo, ainda que sejam figuras conceitualmente diferentes. Apesar das críticas de que o conceito de culpa grave teria sido "importado" indevidamente da *commow law*, é certo que o Código Civil brasileiro prevê a graduação da culpa, ao trazer no parágrafo único do artigo 944 o seguinte trecho: "Se houver excessiva desproporção entre a *gravidade* da culpa e o dano, poderá o juiz reduzir, equitativamente, a indenização".

Ainda, não obstante qualquer discussão doutrinária acerca da equiparação da culpa grave ao dolo, entendemos que, pelo mesmo fundamento aplicável ao descumprimento por dolo, ou seja, para não ferir a função econômica-social do contrato e a boa-fé objetiva, a cláusula de limitação de indenização não seria válida para os casos de descumprimento contratual por culpa grave. Isso porque não é razoável esperar que o credor tolere negligência, imprudência e imperícia extremas do empresário que é sua contraparte. É o que conclui Antonio Junqueira de Azevedo, conforme citado por Wanderley Fernandes:

> Dada a distinção entre dolo e culpa, entretanto, a afirmação de que a culpa grave sempre recebe o mesmo tratamento do dolo [...] não é verdadeira. Às vezes, por exceção, o dolo é punido com mais gravidade – porque a culpa grave, embora se equipare, não é dolo. Todavia, como passamos a ver, um dos casos de equivalência

> de culpa grave e dolo, sem qualquer exceção, ocorre precisamente no âmbito das cláusulas limitativas de responsabilidade negocial.[17]

4.2. Descumprimento da obrigação principal (fundamental breach)

Outra questão a ser discutida dentro do critério da razoabilidade que permitiria ou não a admissibilidade da cláusula limitadora de indenização é em relação ao descumprimento da obrigação principal do contrato, a chamada *fundamental breach*. A doutrina majoritária argumenta que permitir a não indenização do credor em caso de descumprimento da obrigação principal também esvaziaria o sentido jurídico do contrato, como explanado para os casos de dolo. Porém, outros apontam que não há nada em lei que impediria esta limitação, o que poderia ser comprovado pelo tratamento da lei e da jurisprudência à cláusula penal compensatória, que não traz qualquer restrição a sua aplicabilidade em caso de descumprimento da obrigação principal.

Discordamos da doutrina majoritária, acompanhados de Wanderley Fernandes. A própria existência da cláusula de limitação de indenização perderia o sentido se esta não pudesse limitar os danos causados pelo descumprimento da obrigação principal, uma vez que é aí que se encontra a maior parte do risco do negócio. Diz o professor:

> As cláusulas de limitação ou de exoneração de responsabilidade têm o propósito de dar previsibilidade no que tange à indenização dos danos, *exatamente* em razão do inadimplemento da

[17] AZEVEDO, Antonio Junqueira de. Nulidade de cláusula limitativa de responsabilidade em caso de culpa grave. Caso de equiparação entre dolo e culpa grave. Configuração da culpa grave em caso de responsabilidade profissional. In: ______. Novos estudos e pareceres de direito privado. São Paulo: Saraiva, 2009. apud FERNANDES, Wanderley. Cláusulas de exoneração e de limitação de responsabilidade. 1. ed. São Paulo: Saraiva, 2013. p. 228.

obrigação principal, desde que, como vimos, não se trate de danos causados por dolo ou culpa graves.[18]

Ou seja, no caso de *fundamental breach*, devem entrar em ação todas as demais restrições à validade da cláusula limitadora, como dolo e culpa grave, por exemplo, mas, não havendo estes impedimentos, entendemos que a cláusula deve ser considerada válida mesmo quando houver o descumprimento da obrigação principal.

4.3. Violação às Normas de Ordem Pública

Talvez a menos "polêmica" das restrições à validade das cláusulas limitadoras de indenização, as normas de ordem pública ou as normas cogentes, quando violadas, não podem ser reparadas de forma limitada. Por sua própria natureza, as normas cogentes são aquelas que não podem ser afastadas por nenhuma convenção. Uma das muitas definições sobre o tema é a de Francisco Amaral, que diz sobre as normas cogentes e a ordem pública:

> As normas cogentes são as que se impõe de modo absoluto, não sendo possível a sua derrogação pela vontade das partes. [...] Regulam matéria de ordem pública e de bons costumes, entendendo-se como ordem pública o conjunto de normas que regulam os interesses fundamentais do Estado ou que estabeleçam, no direito privado, as bases jurídicas da ordem econômica ou social.[19]

Dessa definição, podemos concluir que não só a norma de ordem pública é uma restrição à cláusula limitadora de indenização, como a qualquer outra cláusula contratual ou ato jurídico.

[18] FERNANDES, Wanderley. Cláusulas de exoneração e de limitação de responsabilidade. 1. ed. São Paulo: Saraiva, 2013. p. 254.

[19] AMARAL, Francisco. Direito civil: introdução. 8. ed. rev., atual. e aum. Rio de Janeiro: Renovar, 2014. p. 122.

Assim, nos parece claro que a cláusula limitadora de indenização não prevaleceria sobre a violação ao princípio da boa-fé, por exemplo, ou à função social do contrato, ao equilíbrio das prestações etc. Tampouco seria aplicável em caso de violação de normas inafastáveis, como a responsabilidade do transportador em um contrato de transporte (art. 754 do Código Civil) ou de danos ambientais, por exemplo.

4.4. Morte e Lesão à Integridade Física

Da restrição à aplicabilidade da cláusula em caso de violação às normas de ordem pública, que pode parecer relativamente óbvia, deriva outra restrição, que seria a incolumidade física da pessoa humana. Este tópico também parece trazer consenso entre doutrinadores, afinal a dignidade da pessoa humana é constitucionalmente protegida como fundamento da República na Constituição Federal de 1988:

> Art. 1º A República Federativa do Brasil, formada pela união indissolúvel dos Estados e Municípios e do Distrito Federal, constitui-se em Estado Democrático de Direito e *tem como fundamentos*:
> [...]
> *III – a dignidade da pessoa humana;*
> [....]

Em complemento, o Código Civil de 2002, em seu art. 11, determina que são irrenunciáveis, intransmissíveis e irrestritos os direitos da personalidade: "Art. 11. Com exceção dos casos previstos em lei, os direitos da personalidade são intransmissíveis e irrenunciáveis, *não podendo o seu exercício sofrer limitação voluntária*."

Assim, poderia ser claro que uma cláusula limitadora de indenização não poderia tratar sobre situações de morte e lesão à integridade física da pessoa humana. Porém, é vista com frequência essa cláusula no caso de contratos firmados com esportistas, por exemplo, ou ainda com proprietários de estabelecimento para a prática de esportes, sejam estes esportes de risco ou não. Este trabalho não se debruça sobre relações de consumo ou sobre relação entre particulares, e sim entre contratos empresariais paritários. Mas, ao pensarmos em grandes empreendimentos onde o proprietário de estabelecimento comercial pode contratar empresa para o desenvolvimento da estrutura de diversão ou esportiva no local, há se de analisar se poderia o desenvolvedor se isentar da responsabilidade pelos acidentes que causem danos à integridade física do usuário final do estabelecimento, por exemplo. Tal questão também se torna relevante ao discutirmos contratos de empreitada, ou obra de construção civil.

Pensemos na seguinte situação: empresa proprietária de determinado espaço ou estabelecimento, como um shopping center, por exemplo, contrata outra empresa especializada em estrutura de diversão para montar um parque de diversões no espaço da primeira, que oferecerá tal entretenimento às pessoas físicas que são seus clientes finais. No contrato entre as duas empresas, há uma cláusula que isenta a empresa que montará a estrutura do parque de responsabilidade em caso de morte ou lesão à integridade física do cliente que usufruir o parque. Tal cláusula é válida?

Ou, ainda, a situação em que uma construtora é contratada por uma incorporadora para um desenvolvimento imobiliário, e é colocada, nesse contrato, uma cláusula isentando a construtora de responsabilidade em caso de morte ou lesão à integridade física de seus empregados e terceiros. Essa cláusula seria válida?

Entendemos que, em ambos os casos, as cláusulas são válidas, pois, em tais situações, estamos diante da transferência do dever de indenizar entre as partes, ou seja, alocação de risco contratual, e não da limitação da indenização exatamente. Nessas situações exemplificadas, o direito de indenização *da vítima*, da pessoa que efetivamente sofreu o dano físico, seja o cliente ou o empregado nos exemplos acima, não está sendo limitado de nenhuma forma; a cláusula tem efeitos apenas entre as partes contratantes. Ou seja, o dano sofrido pela empresa que monta a estrutura do parque de diversões ou pela construtora é puramente material (pagamento de indenização à vítima) e, ao falarmos de dano material, não há restrições à limitação da indenização que não aquelas que já mencionamos neste capítulo. A vítima continuaria sendo indenizada em ambos os exemplos. No primeiro, seria indenizada pelo shopping center, que abriria mão de seu direito de regresso contra a empresa montadora da estrutura; no segundo exemplo, seria indenizada pela construtora na qualidade de empregadora da vítima, mas essa teria direito de regresso contra a incorporadora.

Portanto, fica demonstrado que, não obstante a legislação seja clara e a doutrina unânime na interpretação de que a incolumidade física da pessoa humana é uma norma de ordem pública e que, portanto, violações a ela não poderiam sofrer restrições, temos que pensar que, contratualmente, é possível *alocar* os riscos referentes a indenização nesses casos, sem ferir tais preceitos.

5. Distinções

5.1. Diferença da Cláusula Penal

Muitos doutrinadores utilizam a definição e os efeitos da cláusula penal compensatória, que é prevista no ordenamento jurídico brasileiro nos artigos 408 e seguintes do Código Civil, para demonstrar a validade da cláusula limitadora de indenização.

Na definição de Maria Helena Diniz:

> A cláusula penal constitui uma estipulação acessória, pela qual uma pessoa, a fim de reforçar o cumprimento da obrigação, se

> compromete a satisfazer certa prestação indenizatória, seja ela uma prestação em dinheiro ou de outra natureza, como a entrega de um objeto, a realização de um serviço ou a abstenção de um fato, se não cumprir ou fizer tardia ou irregularmente, fixando o valor das perdas e danos devidos à parte inocente em caso de inexecução contratual.[20]

É certo que, conforme concorda a doutrina majoritária, os dois institutos trazem pontos em comum, sendo o mais básico deles o fato de ambos representarem uma limitação ao regime geral de responsabilidade civil. O efeito dos dois institutos também pode ser o mesmo quando o valor do dano excede o valor do limite da indenização ou o valor acordado na cláusula penal, que é a efetiva limitação do valor concedido pelo devedor ao credor para o ressarcimento de danos originados do inadimplemento contratual.

Contudo, os dois institutos apresentam algumas diferenças importantes que devem ser estudadas, para que se tenha em mente qual é o instituto mais recomendado a cada uma das negociais contratuais.

A distinção mais importante é que a cláusula penal beneficia, em regra, o credor, e a limitação de indenização beneficia o devedor. Isso porque a cláusula penal não depende da prova do dano para ser paga, além de ter o seu valor definido de forma invariável. Assim, para o credor há a garantia do recebimento daquele valor, independentemente das provas eventualmente obtidas para comprovar o dano. Para o devedor, por sua vez, a cláusula de limitação de responsabilidade se faz mais interessante, dado que não haverá desembolso de valores além daqueles devidos na medida exata do dano efetivamente cau-

[20] DINIZ, Maria Helena. Direito civil brasileiro. 21. ed. São Paulo: Saraiva, 2006. v.2. p. 435.

sado e comprovado, e ainda limitados ao *quantum* estipulado na cláusula.

A cláusula penal, ainda, pode ser acionada em caso de culpa grave ou dolo, enquanto a cláusula limitadora de indenização não pode, conforme já discutido nesse trabalho. Nota-se, também, que a cláusula penal não exclui, por si só, a possibilidade das partes buscarem indenização adicional no judiciário, se assim acordarem possível previamente, outro benefício ao credor.

A fixação prévia do valor de eventual indenização demonstra que ambos os institutos funcionam como uma ferramenta de alocação de riscos. Isso porque o valor acordado pode vir a ser *maior* do que o do dano efetivamente causado, o que não ocorreria na cláusula limitadora de indenização, ou *menor* do que o do dano efetivamente causado, o que igualaria o efeito da cláusula penal ao da cláusula limitadora de indenização. A escolha entre os institutos, portanto, dependerá da negociação de risco entre as partes.

Assim, pelo fato (i) do ordenamento jurídico prever a possibilidade de estipulação da cláusula penal, e (ii) um dos possíveis efeitos da cláusula penal ser justamente idêntico ao efeito da cláusula limitadora de indenização, é que a maioria da doutrina acredita que a validade da cláusula penal é argumento forte para demonstrar a validade da cláusula limitadora de indenização em nosso ordenamento jurídico. Este é, também, nosso entendimento.

5.2. Diferença da Cláusula de Exoneração de Responsabilidade

Há diferenças conceituais entre a cláusula de exoneração de responsabilidade e a cláusula limitadora de indenização, ou até mesmo a cláusula limitadora de responsabilidade, se assim optar-se por chamá-la.

É possível imaginar, a princípio, que a diferença estaria no *quantum* indenizatório, ou seja, que a cláusula limitadora seria uma forma de se excluir apenas parcialmente a indenização eventualmente devida. Contudo, a *limitação* tem o diferencial de ainda manter certa capacidade de dissuadir as partes do inadimplemento contratual. Por sua vez, exonerar totalmente o devedor de sua responsabilidade pelo descumprimento do contrato acaba por esvaziar a obrigação, tornando o compromisso jurídico sem sentido, uma vez que não é possível exigir seu cumprimento.

O mesmo não pode ser dito da cláusula limitadora de indenização. Dependendo do valor do teto da indenização definido pelas partes, é possível que o dano sofrido pelo credor seja integralmente indenizado. Daí, notamos uma diferença fundamental: enquanto a cláusula de exoneração exclui por completo a possibilidade do devedor indenizar o credor, a cláusula limitadora de indenização permite até que, em alguns casos, o valor da indenização cubra integralmente o dano sofrido.

Outro diferencial surge quando analisamos as cláusulas do ponto de visto de alocação de risco. Na cláusula de exoneração de responsabilidade, vemos o risco ser totalmente transferido para o credor, que não terá medidas protetivas em caso de inadimplemento contratual. A cláusula de limitação de indenização, por sua vez, distribui o risco entre as partes.

A legislação brasileira também distingue os dois tipos de cláusula. Podemos observar o seguinte artigo no Código de Defesa do Consumidor:

> Art. 51. São nulas de pleno direito, entre outras, as cláusulas contratuais relativas ao fornecimento de produtos e serviços que:
>
> I – impossibilitem, **exonerem ou atenuem a responsabilidade** do fornecedor por vícios de qualquer natureza dos produtos e serviços ou impliquem renúncia ou disposição de direitos. Nas relações de consumo entre o fornecedor e o consumidor

> pessoa jurídica, **a indenização poderá ser limitada, em situações justificáveis**;
>
> [...]

Apesar do Código de Defesa do Consumidor não se aplicar aos contratos empresarias paritários, podemos perceber, ao analisar esse artigo, que o legislador brasileiro enxerga a cláusula de exoneração de responsabilidade e a cláusula limitadora de indenização de formas diferentes: a primeira não é aceita de forma alguma em relações de consumo, enquanto a segunda é aceita em algumas circunstâncias.

Portanto, podemos concluir que, não obstante os dois institutos sejam similares, as diferenças são fundamentais, já que modificam o caráter dissuasivo da cláusula, e sua aceitação e o tratamento pelo legislador.

6. Jurisprudência

Ao buscarmos o entendimento jurisprudencial sobre o tema, o fato que inicialmente chama a atenção é o baixo número de decisões discutindo as cláusulas limitadoras de indenização nos contratos empresarias. A princípio, tal fato pode parecer indicar que as cláusulas são extremamente eficazes entre as partes e, portanto, pouco judicializadas. Contudo, isso pode, na realidade, indicar certa tendência do judiciário de simplesmente ignorar a cláusula limitadora de indenização e arbitrar indenizações sem valer-se de qualquer parâmetro estabelecido pelas partes em contrato. Não há sequer, por vezes, a discussão sobre a validade do instituto. É o que ocorre na seguinte decisão, por exemplo:

> RESPONSABILIDADE CIVIL – Pretensão ao ressarcimento pela inexecução parcial de serviços de pintura industrial em tanques de armazenamento de petróleo – Agravo retido – Preliminares de inépcia da petição inicial e falta de interesse de agir

> rejeitadas – Decisão mantida – Agravo não provido – Preliminar de nulidade da sentença – Fundamentação clara e completa – Rejeição – Prova pericial produzida em ação cautelar que constata a existência de serviços medidos e não executados – Pagamento integral que é incontroverso – Inadimplemento parcial das obrigações contratuais que se verifica – Falha na fiscalização que não obsta o surgimento do dever de indenizar – *Cláusula limitadora da responsabilidade que não se aplica às perdas e danos correspondentes ao próprio inadimplemento da obrigação pactuada* – Prejuízos com a paralisação dos tanques que não foram demonstrados – Parte que não se desincumbiu do ônus de provar fato constitutivo do próprio direito – Contratação de centro de pesquisas que foi realizada mediante solicitação do perito judicial, para dar apoio técnico aos trabalhos por ele realizados – Custos que integram as despesas processuais e devem ser suportados pela parte sucumbente – Multa por oposição de embargos de declaração manifestamente protelatórios que não deve subsistir – Recurso manejado pela parte que suporta o ônus da demora do processo – Sentença parcialmente reformada – Recurso parcialmente provido. (TJ-SP, 2016, on-line, g.n.)

Neste acórdão, temos uma ação ajuizada pela Petrobrás em face de uma companhia de engenharia e construção. Nesse caso, as partes possuíam um contrato que trazia a seguinte cláusula limitadora de indenização:

> A responsabilidade da PETROBRÁS e da CONTRATADA por perdas e danos será limitada aos danos diretos de acordo com o Código Civil Brasileiro e legislação aplicável, excluídos os lucros cessantes e danos indiretos ficando os danos diretos limitados a 100% do valor total contratual reajustado.

O desembargador simplesmente considerou que tal cláusula não era aplicável ao descumprimento da obrigação principal (*fundamental breach*), sem qualquer fundamentação, e desconsiderou a cláusula. O breve racional do desembargador foi o seguinte:

> Como se observa, a cláusula diz respeito a eventuais perdas e danos derivadas da execução do contrato, não ao próprio cumprimento das obrigações pactuadas, que é o que se discute na presente demanda. Portanto, a disposição é inaplicável.

Há maior clareza no judiciário quando analisamos outros tipos contratuais, pois os tribunais acabam por julgar mais preponderantemente as cláusulas limitadoras de indenização no âmbito de contratos de seguros e do Código de Defesa do Consumidor, por exemplo, mas não tão frequentemente em casos de contratos empresariais paritários.

Contudo, é célebre a decisão que pacificou o entendimento do STJ sobre limitação de indenização em contrato de transporte marítimo, o que se aproxima de contratos empresariais paritários por, muitas vezes, ser firmado entre empresas multinacionais de grande porte. É a ementa:

> TRANSPORTE MARÍTIMO. Cláusula limitativa do valor da indenização. Correção monetária. Termo inicial. – *A orientação predominante neste Tribunal aceita a validade da cláusula limitativa do valor da indenização.* Ressalva do relator. – Na ação regressiva da seguradora, a correção monetária flui desde a data do desembolso pela seguradora. Precedentes. Recurso conhecido em parte e provido. (STJ, 2000, g.n.)

Utiliza-se frequentemente essa decisão ao se judicializar a cláusula limitadora de indenização, pois, não obstante ter sido proferida no âmbito de contrato de transporte marítimo e envolvendo uma seguradora, a decisão traz fundamentação abrangente sobre a aceitação da cláusula pelos tribunais.

Em decisão do STJ que cita o precedente acima, encontramos a seguinte justificativa emanada pelo Ministro Marco Buzzi:

> [...] Validade da cláusula limitativa do valor da indenização devida em razão de avaria da carga objeto de transporte marítimo internacional. Nos termos da jurisprudência firmada no âmbito da Segunda Seção, **considera-se válida a cláusula** do contrato de transporte marítimo que estipula limite máximo indenizatório em caso de avaria na carga transportada, **quando manifesta a igualdade dos sujeitos integrantes da relação jurídica, cuja liberdade contratual revelar-se amplamente assegurada**, não sobressaindo, portanto, hipótese de incidência do artigo 6º, inciso VI, do Código de Defesa do Consumidor, no qual encartado o princípio da reparação integral dos danos da parte hipossuficiente (REsp 39.082/SP, Rel. Ministro Nilson Naves, Rel. p/ Acórdão Ministro Fontes de Alencar, Segunda Seção, julgado em 09.11.1994, DJ 20.03.1995). Nada obstante, **é de rigor a aferição da razoabilidade e/ou proporcionalidade do teto indenizatório delimitado pela transportadora, o qual não poderá importar em quantia irrisória em relação ao montante dos prejuízos causados em razão da avaria da mercadoria transportada, e que foram pagos pela seguradora.** [...]" (STJ, 2013, on-line, g.n.).

Da decisão, extraímos que o ministro considerou que o contrato em discussão se tratava de um contrato paritário, e que os critérios de razoabilidade (*reasonableness*) e de proporcionalidade (*fairness*) foram respeitados, sem que o montante da indenização fosse irrisório. Por isso, entendeu correto aceitar a validade da cláusula.

É o fundamento que encontramos, também, na decisão do Desembargador do Tribunal de Justiça do Distrito Federal, Getúlio de Moraes Oliveira, proferida em caso proposto por uma empresa de assessoria tecnológica em face da TIM Celular S/A, em que o fornecedor buscava, entre outros pedidos, a anulação da cláusula de não indenizar acordada em distrato contratual:

> Merece relevo, ainda, o que diz respeito à cláusula de não indenizar, **ferramenta muito usual nos contratos empresariais**, capaz de amenizar e até mesmo evitar os prejuízos que possam advir do negócio. Apesar da controvérsia em torno dessa cláusula, **a jurisprudência vem admitindo a sua validade, já que as partes são livres para contratar, desde que presentes os requisitos para a formação de qualquer negócio jurídico**." (TJDF, 2014, on-line, g.n.)

Assim, podemos dizer que hoje os precedentes ainda não trazem total segurança jurisprudencial sobre o tema. Apesar de algumas situações específicas já trazerem jurisprudência consolidada, como nos contratos de transporte marítimo, fato é que, com relação aos contratos empresariais paritários, de modo geral, as decisões ainda são divergentes. Não obstante, pela doutrina majoritária aceitar a validade da cláusula limitadora de indenização, vemos que a jurisprudência, aos poucos, caminha na mesma direção, pendendo, hoje, à aceitação de sua validade.

7. Considerações Finais

O desenvolvimento do presente trabalho possibilitou uma análise de como as cláusulas limitadoras de indenização podem ser utilizadas de forma eficaz em contratos empresariais paritários, a fim de que seja possível trazer elevado nível de segurança jurídica aos negócios. Como pudemos observar, há uma relação direta do tema com a alocação de riscos na negociação contratual entre as partes empresárias. Uma vez que o preço do negócio varia de acordo com a relação risco *versus* lucro, a previsibilidade e a segurança trazidas para o contrato empresarial pela cláusula limitadora de indenização faz desta um instituto fundamental para a definição do risco e, consequentemente, do preço do negócio.

Para que a cláusula seja eficaz, porém, é necessário que ela apresente determinadas características, que estudamos detalhadamente neste artigo. Observamos que, essencialmente, há quatro características às cláusulas limitadoras de indenização: ser parte de um contrato, trazer limitação expressa ao regime geral da responsabilidade civil integral, ser anterior ao dano, e ser razoável e equilibrada. Além disso, é importante que ela seja clara e transparente, para deixar claro o contexto negocial e o consentimento da parte que abre mão do seu direito de indenização integral.

Com relação ao conteúdo, também estudamos que a limitação pode se dar de diversas formas diferentes, podendo ser a um montante fixo, a um percentual, a determinado número de parcelas, a um bem destacado do devedor, a certos tipos de dano, sendo impossível prever todas as diversas possibilidades. Concluímos que não é necessário que a cláusula seja bilateral ou traga contrapartidas expressas à limitação, sendo a própria realização do negócio a contrapartida obtida.

Contudo, há restrições à validade da cláusula limitadora de indenização, e neste tópico concentram-se as maiores discussões sobre o tema. Entendemos, com a doutrina majoritária, que, nos casos de dolo e culpa grave, a limitação da indenização não deve ser válida, pois acabaria por ferir a boa-fé objetiva, a função econômica-social fundamental do contrato, além de esvaziar a obrigação. Com relação aos casos em que há descumprimento da obrigação principal do contrato, discordamos da doutrina majoritária, e entendemos válida a cláusula limitadora de indenização nesses casos. A razão é que a própria existência destas cláusulas perderia o sentido se estas não pudessem limitar os danos causados pelo descumprimento da obrigação principal, já que é aí que se encontra a maior parte do risco do negócio.

Concordamos com a doutrina quase unânime que conclui que não só a norma de ordem pública é uma restrição à cláusula limitadora de indenização, como à qualquer outra cláusula contratual ou ato jurídico. Porém, ao analisarmos outra unanimidade, a de que a incolumidade física da pessoa humana é também uma norma de ordem pública e que, portanto, violações a ela não poderiam sofrer restrições, trouxermos um conceito pouco explorado que é a alocação dos riscos referentes à indenização nesses casos. Concluímos que a cláusula de limitadora de indenização, no cenário de alocação de riscos entre contratantes ainda que haja violação à incolumidade física da pessoa humana, é perfeitamente válida quando atinge a indenização devida entre as partes contratantes, e não aquela devida às vítimas diretamente, que são terceiros na relação contratual e devem ser indenizadas de forma integral.

Uma vez definida as características da cláusula limitadora de indenização e as restrições à sua validade, exploramos as diferenças entre estas cláusulas e a cláusula penal compensatória e a cláusula de exoneração de responsabilidade. Pudemos facilmente observar que, não obstante estes institutos guardem muitas semelhanças entre si, eles apresentam diferenças fundamentais. A principal diferença, no caso da cláusula penal compensatória, é que ela beneficia, em regra, o credor, e a limitadora de indenização beneficia o devedor; no caso da cláusula de exoneração de responsabilidade, a principal diferença é a capacidade de cada uma delas de dissuadir as partes do inadimplemento contratual, pois exonerar totalmente o devedor de sua responsabilidade pelo descumprimento do contrato acaba por tornar o compromisso jurídico sem sentido.

Por fim, fizemos uma breve análise da jurisprudência, para entender certa tendência de parte do judiciário de ignorar a cláusula de limitação e arbitrar indenizações sem valer-se de qualquer parâmetro estabelecido pelas partes em contrato. Com relação aos contratos empresariais paritários, nossos estudos demonstram que ainda não há segurança jurisprudencial absoluta sobre o tema, havendo decisões divergentes. Não obstante, vemos, aos poucos, a jurisprudência caminhar na mesma direção da doutrina majoritária para aceitar a validade da cláusula limitadora de indenização, desde que cumpridos os requisitos de validade desta, conforme destrinchamos nesse artigo.

Assim, em face de tudo quanto foi analisado, conseguimos responder a pergunta inicialmente apontada neste artigo e afirmar que a cláusula de limitadora de indenização é capaz de trazer considerável segurança jurídica para as partes, ainda que não absoluta, e, consequentemente, ser utilizada como um elemento precificador de risco nos negócios empresariais. Para que isso ocorra, é de grande importância que o operador do direito, ao elaborar e negociar a cláusula contratual limitadora de indenização, tenha clareza dos conceitos doutrinários, de forma a garantir que os requisitos de validade da cláusula estejam presentes, permitindo a correta avaliação econômica do contrato, bem como que a reparação dos danos que eventualmente se faça necessária ocorra de forma eficiente e satisfatória, seja judicialmente ou extrajudicialmente.

Referências

AMARAL, Francisco. *Direito civil: introdução*. 8. ed. rev., atual. e aum. Rio de Janeiro: Renovar, 2014.

CALÇAS, Manoel de Queiroz Pereira. *Revisão Judicial de Contratos entre Empresários in Revista do Instituto de Pesquisas e Estudos – Divisão Jurídica*. Bauru: Instituição Toledo de Ensino, 2000.

DIAS, José de Aguiar. *Da responsabilidade civil*. 12. ed. Rio de Janeiro: Lumen Juris, 2011.

_____. *Cláusula de não indenizar*. 4. ed. Rio de Janeiro: Forense, 1980.

DINIZ, Maria Helena. *Direito civil brasileiro*. 21. ed. São Paulo: Saraiva, 2006. v.2.

FERNANDES, Wanderley. *Cláusulas de exoneração e de limitação de responsabilidade*. 1. ed. São Paulo: Saraiva, 2013.

LOPEZ, Teresa Ancona. FERNANDES, Wanderley. (Coord.) *Fundamentos e Princípios dos Contratos Empresariais*. São Paulo: Editora Saraiva, 2009.

PRATA, Ana. *Cláusulas de exclusão e limitação de responsabilidade contratual*. Reimp. Coimbra: Almedina, 2005.

RODRIGUES, Silvio. *Direito civil: responsabilidade civil*. 19. ed. São Paulo: Saraiva, 2002. v.4.

VENOSA, Silvio de Salvo. *Curso de direito civil: responsabilidade civil*. 7. ed. São Paulo: Atlas, 2007.

ZANCHIM, Kleber Luiz. *Contratos empresariais*. São Paulo: Quartier Latin, 2012.

Legislação e Jurisprudência

BRASIL. Constituição (1988). Constituição da República Federativa do Brasil. Disponível em: <http://www.planalto.gov.br/ccivil_03/constituicao/constituicaocompilado.htm>. Acesso em: 17 de fev. 2018.

BRASIL. Lei n. 10.406, de 10 de janeiro de 2002. Institui o Código Civil. Disponível em: <http://www.planalto.gov.br/ccivil_03/Leis/2002/l10406.htm>. Acesso em: 17 de fev. 2018.

BRASIL. Lei n. 8.078, de 11 de setembro de 1990. Dispõe sobre a proteção do consumidor e dá outras providências. Disponível em: <http://www.planalto.gov.br/ccivil_03/Leis/l8078.htm>. Acesso em: 03 de mar. 2018

BRASIL. Tribunal de Justiça de São Paulo. Apelação nº 0113894-76.2008.8.26.0000. Petróleo Brasileiro S/A Petrobrás. HOS Engenharia e Construções Ltda. Relator: Desembargador Manoel Ribeiro. São Paulo, SP, 24 de agosto de 2016. Disponível em: <https://tj-sp.jusbrasil.com.br/jurisprudencia/377335337/apelacao-apl-1138947620088260000--sp-0113894-7620088260000>. Acesso em: 05 mai. 2018.

BRASIL. Superior Tribunal de Justiça. Recurso Especial nº 267550 RJ 2000/0071873-4. Relator: Ministro Ruy Rosado de Aguiar. Disponível em: <https://stj.jusbrasil.com.br/jurisprudencia/8091987/recurso-especial-resp-267550-rj-2000-0071873-4-stj>. Acesso em: 05 mai. 2018.

BRASIL. Superior Tribunal de Justiça. Recurso Especial nº 1076465/SP. Clipper Shipping Ltd. Bradesco Seguros S/A. Relator: Ministro Marco Buzzi. Disponível em: <https://stj.jusbrasil.com.br/jurisprudencia/24809444/recurso-especial-resp-1076465-sp-2008-0160567-4-stj/inteiro-teor-24809445?ref=juris-tabs>. Acesso em: 05 mai. 2018.

BRASIL. Tribunal de Justiça do Distrito Federal. Acórdão nº 750514. TIM Celular S/A. Talento Assesoria Empresarial Ltda.. Relator: Desembargador Getúlio de Moraes Oliveira. Disponível em: <https://tj-df.jusbrasil.com.br/jurisprudencia/116281224/apelacao-civel-apc-20100111856988-df-0059747-5720108070001/inteiro-teor-116281245>. Acesso em: 05 mai. 2018.

Negócios Jurídicos pelo Condomínio Especial: Fundamentos, Capacidade e Evolução

Rámilton Henrique Sawaya Sacamoto

1. Introdução

Inicialmente o objeto deste estudo estava limitado à análise e desenvolvimento das estruturas de uma série de negócios contratados por condomínios especiais, em sua acepção de entidade gerencial, e não como ente de natureza real – composto por terreno, edificações e correspondentes partes de uso comum e partes de propriedade exclusiva ou unidades autônomas.

Ocorre que, para garantir à comunidade condominial o alcance de estrutura na qual se entende por viável o oferecimento de serviços diferenciados e inovadores (diferente do que se esperava dos empreendimentos convencionais) é salutar que o condomínio e/ou a comunidade de condôminos desfrute de maior trânsito no mundo jurídico-financeiro, a fim de alcançar a funcionalidade idealizada, mantendo, em razão disto, estruturas mais complexas e autossustentáveis.

Diante desta necessidade, passou-se a questionar se há e quais são os elementos jurídicos para defender que o condomínio especial possa ser sujeito de todos os direitos e obrigações que as demandas modernas impõem.

Isso porque, muito embora na doutrina haja uma posição clássica majoritária, e de certa forma, bem definida quanto à inexistência de personalidade jurídica do condomínio especial; a realidade se contrapõe frontalmente a essa posição sistematicamente adotada, justificando, como se verá a seguir, a motivação e interesse no estudo e melhor desenvolvimento do tema.

Objetiva-se, portanto, com o presente estudo apresentar argumentos que conduzam ao entendimento da licitude e da capacidade de celebração de negócios jurídicos diversos pelo condomínio especial, negócios estes, em verdade, atualmente já celebrados e por vezes já reconhecidos como válidos pelo Judiciário, ainda que em regime de exceção.

Assim, o que é se pretende é também analisar a viabilidade do condomínio especial contratar serviços, adquirir ou alienar imóveis, ceder áreas comuns para exploração, firmar convênios, de receber e distribuir a receita auferida, além de outras possibilidades.

Buscando-se assim oferecer os fundamentos de validade para o condomínio especial praticar tais atos, e desenvolver sua função institucional, de forma célere e eficaz, assumindo direitos e obrigações correlacionados com sua atividade-fim.

Anote-se, a princípio e para evitar dúvidas, que em vista do parágrafo segundo do artigo 1.358-A do Código Civil determinar que as disposições sobre o condomínio edilício aplicar-se-ão, no que couber, ao condomínio de lotes, preferiu-se adotar no presente estudo a expressão "condomínio especial", em vista do fato de que tal expressão abriga de uma só vez o condomínio edilício e o condomínio de lotes.

Embora o presente estudo não tenha por escopo analisar o negócio jurídico incorporativo, é importante asseverar que os negócios jurídicos realizados pelo condomínio especial dependerão, de certa forma, da estrutura física do empreendimento executada pelo desenvolvedor imobiliário e das disposições basilares da convenção condominial estruturadas antes da efetiva instituição do imóvel em condomínio.

Assim, a decisão por desenvolver um empreendimento com estrutura e possibilidades similares àquelas acima delineadas, dependerá principalmente da confiança do empreendedor de que o condomínio especial, após constituído, será funcional e garantirá a segurança jurídica esperada aos futuros adquirentes, resultando assim na plena satisfação de seus consumidores, pois funcionais, eficazes e eficientes as normas de operação antecipada pelos instrumentos instrutores do registro da incorporação imobiliária.

O fato é que para alguém optar por investir nessa estrutura mais sofisticada de Condomínio Especial se fará necessário que a estrutura avençada seja reconhecida como efetiva e juridicamente segura.

Diante dos preceitos acima introduzidos, espera-se que o presente estudo seja útil e incentive reflexões para aqueles que desenvolvem seus estudos e profissão na área do direito imobiliário condominial e que, mesmo diante de opiniões contrárias de eminentes e respeitáveis doutrinadores, se negam a relegar suas convicções e curiosidades e a ater-se à interpretação "correta" e tradicional.

2. Complexo Administrativo Condominial

2.1. Entidade Real e a Entidade Gerencial do Condomínio Especial

A intenção de analisar a participação do Condomínio Especial, o Edilício ou o de Lotes – atualmente previsto no Código Civil, com a promulgação da Lei Federal nº 13.465 de 2017 – em negócios jurídicos deve ser precedida de uma separação conceitual relevante.

Essa separação destina-se a isolar o que Ricardo Kollet[1] denomina, e ora se adota como nomenclatura, como "Complexo Administrativo Condominial" ou "realidade subjetiva" do que chama "Complexo Real" ou "realidade objetiva".

Assim, não obstante a importância desta "realidade objetiva", ou seja, àquela situação peculiar de submissão do edifício ou do terreno a regime de partes de propriedade exclusiva e partes de propriedade comuns, o foco do presente estudo é a entidade gerencial gerada para responder pela administração das relações econômicas, jurídicas e sociais originadas da responsabilidade de gestão das áreas comuns, qual seja, o Complexo Administrativo Condominial.

Tal segmentação do condomínio especial foi adotada, pois além de facilitar a análise dos fundamentos mais relevantes a serem considerados para definição da natureza jurídica dessa entidade organizacional, também dificulta a confusão da situação da coisa com a da administração da coisa no momento de categorizar juridicamente cada um deles.

Inclusive, denota-se que desde sua exegese o Complexo Real e o Complexo Administrativo Condominial se diferenciam.

Isso porque, conforme o artigo 1.332 do Código Civil, a instituição do Complexo Real se efetiva com o registro no Livro nº 2, denominado Registro Geral pela Lei de Registros Públicos (Lei Federal nº 6.015, de 31 de dezembro de 1973), do ato que (i) discrimina e individualiza as partes exclusivas e das partes comuns, (ii) fixa a fração ideal atribuída a cada parte exclusiva, e (iii) determina o fim a que as unidades – ou os lotes (valendo-se das disposições do condomínio edilício como regra geral – Art. 1.358-A do Código Civil) – se destinam.

[1] KOLLET, Ricardo Guimarães. **Propriedade Horizontal e Condomínio Edilício: Em busca de uma identidade jurídica. Revista de Direito Imobiliário: RDI**, v. 29, n. 60, p. 95, jan/jun. 2006.

Enquanto, o Complexo Administrativo Condominial, por sua vez, passa a existir com plena eficácia, conforme parágrafo único e *caput* do artigo 1.333 do Código Civil, a partir da subscrição da Convenção Condominial por, no mínimo, dois terços das frações ideais dos titulares das unidades autônomas e do registro desta Convenção junto ao Livro nº 3, denominado Registro Auxiliar, momento este que é garantido à convenção e a este ente orgânico oponibilidade irrestrita perante terceiros não contratantes.

Também a respeito dos diferentes momentos que cada um ocupam, J. Nascimento Franco[2] entende que *"A instituição do condomínio antecede a convenção e é ato que depende várias formalidades, a última das quais seu registro no Cartório de Registro de Imobiliário."*.

Verifica-se, portanto, que o pressuposto para a eficácia plena do Complexo Administrativo Condominial, ou seja, para a oponibilidade contra terceiros e geração de efeitos extracontratuais, é que a Convenção Condominial seja registrada, conforme dispõe o artigo 177 da Lei de Registros Públicos, no repositório destinado aos atos que não dizem respeito diretamente ao imóvel.

O que se pode extrair disso é que a legislação, além de estabelecer requisitos e dois momentos diferentes para a instituição do condomínio especial, também atribui à convenção condominial uma feição que extrapola o imóvel, pois a ele se refere indiretamente, objetivando de fato a constituição de uma realidade além da coisa em si, mas aquela decorrente da fundação de um complexo administrativo que, embora ligado ao imóvel e aos condôminos por um vínculo real, é ente orgânico, de estrutura própria e atuante nos limites de sua finalidade.

Não é desconhecido o posicionamento no sentido de que o registro da convenção não teria fim constitutivo, o Ministro

[2] FRANCO, J. Nascimento. **Condomínio**. pg. 18. – 5. ed. ver., atual. e ampl. – São Paulo: Editora Revista dos Tribunais, 2005. ISBN 85-203-2665-X.

Edson Luiz Fachin inclusive leciona que *"o registro da convenção condominial é pressuposto de regularidade, não o é quanto à existência, ademais, quando menos na ausência do ato registral, há situação de fato, digna de tutela jurídica"*[3].

No entanto, o eminente juiz Francisco Eduardo Loureiro, ao comentar o exato posicionamento acima, assevera:

> O preceito gera uma perplexidade, porque uma leitura ligeira parece admitir a instituição de condomínio edilício sem o registro da convenção. *Não é bem assim*. A convenção deve acompanhar o pedido de registro da instituição o condomínio edilício, porque não se admite o regime especial sem regras internas disciplinando as relações entre condôminos.[4] (grifo nosso)

Ainda neste ponto e citando J. Nascimento Franco (FRANCO, 2005, p. 18) tem-se que "concluída a construção do edifício e instituído o condomínio especial, termina a atividade do incorporador, do arquiteto, dos operários, e uma nova e palpitante realidade surge reclamando disciplina legal e gerenciamento próprio".

Assim a submissão do imóvel ao regime da propriedade horizontal[5], que no ensinamento do professor lusitano José de Oliveira Ascensão – ao tratar do condomínio edilício – "é um novo direito real caracterizado por resultar de um complexo incindível [designado neste estudo como Complexo Real] de

[3] FACHIN, 2003 apud LOUREIRO, Francisco Eduardo. Direito das Coisas – art. 1331 a 1358. **Código Civil comentado: doutrina e jurisprudência: Lei nº 10.406, de 10.01.2002**/ coordenador Cezar Peluso. – 10. ed. rev., atual. – Barueri, SP: Manole, 2016. ISBN 978-85-204-4697-3.

[4] Francisco Eduardo. Direito das Coisas – art. 1331 a 1358. **Código Civil comentado: doutrina e jurisprudência: Lei nº 10.406, de 10.01.2002**. pg. 1266 / coordenador Cezar Peluso. – 10. ed. rev., atual. – Barueri, SP: Manole, 2016. ISBN 978-85-204-4697-

[5] apud VIANA, Marco Aurélio. **Comentários ao Novo Código Civil – Volume XVI**. Rio de Janeiro: Forense, 2003.

propriedade do andar e compropriedade das partes comuns" demanda a criação de regramento e de gerência própria, surgindo daí, portanto, o Complexo Administrativo Condominial, cujo ato constitutivo é a convenção condominial, como resposta à demanda do Complexo Real e da comunidade condominial que nele conviverá.

2.2. Interesses da Comunidade Condominial como Fatores Indutores a Ressignificação dos Conceitos

O déficit de moradia no Brasil foi calculado em estudo (2015) da Fundação Getúlio Vargas – FGV [6] no importe de 7,757 milhões de moradias, somando-se a este fator, o imparável crescimento da taxa de urbanização[7] do Brasil, segundo o IBGE de 31,24% em 1940 para 84,36% em 2010, se tem por certo que é premente a necessidade de melhor utilização do espaço urbano, o que, por reflexo, põe a propriedade horizontal em evidência, pois trata-se de verdadeiro fenômeno gerador de moradias, com rateio de custos coletivo e máximo aproveitamento de terreno disponível.

Os empreendimentos desenvolvidos para atender um coletivo, como o condomínio especial, podem atingir um custo de construção muito mais econômico do que as construções individuais, tendo em vista que, um maior volume de adquirentes para um único grande projeto evita múltiplas contratações de um mesmo serviço e facilita o rateio de tais custos em condições mais propícias as daquele que age isoladamente.

[6] Boas, Bruno Villas. Conceição. Ana. Déficit de moradias no país já chega a 7,7 milhões. **Valor Econômico**. São Paulo e Rio de Janeiro, 03 mai. 2018. Disponível em: <http://www.valor.com.br/brasil/5498629/deficit-de-moradias-no-pais-ja-chega-77-milhoes>. Acesso em 24/06/2018.

[7] IBGE. **Taxa de Urbanização – Censo demográfico 1940-2010**. Até 1970 dados extraídos de: Estatísticas do século XX. Rio de Janeiro: IBGE, 2007 no Anuário Estatístico do Brasil, 1981, vol. 42, 1979. Disponível em: <https://seriesestatisticas.ibge.gov.br/series.aspx?vcodigo=POP122>. Acesso em 24/06/2018.

Tal fator, por si só, já justifica a popularização deste tipo de empreendimento. Mas não é só este atrativo no condomínio especial, há outros consideráveis valores sociais agregados que tem se tornado cada vez mais importante. Destacam-se, dentre estes, a estética do local, as medidas de higiene dos ambientes, a sustentabilidade do empreendimento e a segurança que o condomínio especial propicia.

Inclusive, são diversas as certificações de qualidade destinadas a empreendimentos imobiliários visando atestar ao mercado e aos consumidores as qualidades daquele ambiente.

Exemplificativamente, dentre os certificados mais famosos estão: (i) o LEED[8], aplicável para os mais diversos tipos de empreendimento, desde o residencial aos logísticos, tem por fim atestar adoção das melhores práticas a garantir sustentabilidade energética e ambiental da construção; (ii) a WELL BUINDING CERTIFICATION[9] voltada aos edifícios de lajes corporativas, esta certificação destina-se a avaliar o ambiente construído e identificar a adoção das melhores práticas para garantir o conforto e elevar a saúde humana; (iii) o GCB Brasil Casa[10], exclusivo às residências e ao condomínio especial residencial, os projetos com essa certificação são aqueles que adotam métodos para reduzir custos operacionais e desperdício de água e energia, para garantir a sustentabilidade e qualificação para descontos ficais; além dos supramencionados há diversos outros certificados utilizados no Brasil para garantir a adoção

[8] GREEN BUILDING COUNCIL BRASIL. **Certificado Leed.** Disponível em: <http://www.gbcbrasil.org.br/sobre-certificado.php>. Acessado em: 24 mai. 2018.

[9] INTERNATIONAL WELL Building Institute. **Well Building Certification**. Disponível em: <https://www.wellcertified.com/>. Acessado em: 24 mai. 2018.

[10] GREEN BUILDING COUNCIL BRASIL. **Certificado Leed**. Disponível em: <http://www.gbcbrasil.org.br/certificacao-condominio.php>. Acessado em: 24 mai. 2018.

de práticas positivas para os condôminos/usuários e também para toda a comunidade.

O que de forma sincrética se extrai é que, as pessoas optam e valorizam aglomerar-se em comunidades constituídas na forma de condomínios especiais por todo o conjunto de benefícios que extraem dessa vida comunitária, tornando-se relevante que os edifícios também estejam adaptados a recebê-los.

Importante deixar claro que, estes interesses não são exclusivos das pessoas, são também das empresas, indústrias, comércios que buscam condomínios com destinação comercial e/ou empreendimentos mistos que oferecem dentro do complexo real os mais diferentes tipos de usos, serviços e conveniências (shoppings, cinemas, unidades de apartamentos, lotes, casas e sobrados, escolas, escritórios, comércios, dentre outros).

Ocorre que, ordinariamente, conforme prescreve o inciso I do artigo 1.334 do Código Civil, a manutenção desta estrutura se efetiva através do pagamento das contribuições condominiais, por cada condômino e na proporção de sua fração ideal (caso não tenha sido estabelecida forma diferente de cobrança), calculadas para fazer frente às despesas estimadas, classificadas como ordinárias ou extraordinárias.

No entanto, e não poderia ser diferente, manter esta estrutura tão adequada à vida urbana operante não é barato, extrai-se daí então a necessidade social-econômica de buscar mais eficiência sem com isso sobreonerar os condôminos.

Embora a intenção seja válida, por vezes, para atender à comunidade condominial ou prospectar futuros condôminos de empreendimento em desenvolvimento, acabam-se tomando estratégias de ação que, embora inovadoras, nem sempre foram contempladas pela doutrina ou jurisprudência da época. Com isso, aquela prática inusitada pode acabar vindo a ser questionada e, nos piores casos, consideradas irregulares, ocasionando diversos prejuízos a toda uma coletividade.

Evidente que, uma estratégia inusitada não resulta, diretamente, em uma irregularidade. Em diversas situações, a situação problemática se deve simplesmente a insegurança e/ou desconhecimento em proceder com algo que foge ao ordinário e ao que é reconhecido como "correto". No entanto, é preciso estar claro que o direito não deve servir para impedir a evolução, mas para fomentá-la com segurança e com responsabilidade.

Assim, evidentemente há conceitos que precisam ser ressignificados e aprimorados para atender à realidade e necessidade social.

Sendo o condomínio especial um instituto tão correlacionado com o desenvolvimento e estabilidade financeira da sociedade, é lógico que sua definição, sentido e alcance não se manterão existencial e juridicamente estanque.

A realidade é que faz surgir a necessidade de reavivar os institutos, conceitos e interpretações, ainda que se tratando de direitos reais, o que nada diferencia de qualquer outro direito, pois nas eloquentes palavras do Professor Marcelo Barbaresco:

> [...], apenas buscando reavaliar o sentido e o alcance dos institutos jurídicos, de certa maneira considerados como Reais – na acepção da figura de uma intocável Majestade – e, à luz da realidade e necessidade contemporânea, se atingirá o estado de bem-estar social e constitucionalmente desejado. E quando não se conseguir, por alguma razão relevante, ressignificar os institutos à realidade de uma determinada época social, se deve buscar, como dito alhures, seu aprimoramento através da aprovação de novas normas que venham ao encontro do Direito.[11]

[11] Barbaresco, Marcelo. **Compropriedade e sociedade: estrutura, segurança e limites da autonomia privada.** pg. 75. 1. ed. – São Paulo: Almedina Brasil, 2017. ISBN 978-85-8493-251-1.

3. Personificação do Condomínio Especial

3.1. Necessário Reconhecimento da Personificação do Condomínio Especial

O Oficial Flauzilino Araújo dos Santos, do 1º Registro Imobiliário Paulistano, também asseverando que os empreendimentos estão sendo planejados de forma cada vez mais inovadora, reconhece a premente necessidade de melhor se dimensionar juridicamente a incorporação destas inovações, independentemente da superveniência de uma nova alteração legal:

> Efetivamente, o desenvolvimento urbanístico das cidades tem se apoiado em novos instrumentos de planejamento e design cada vez mais afastados do edifício convencional, incorporando novos serviços recreacionais, desportivos, culturais, comerciais etc., cuja construção, financiamento e conservação exigem estruturas cada vez mais complexas, muitos com propostas ditas autossustentáveis, para os quais **se esperam respostas dentro da dimensão jurídico-privada existente, independentemente de revisão legislativa**.[12] (grifo nosso)

A colocação do eminente registrador é relacionada principalmente a um dos principais fundamentos para a invalidação de negócios realizados por condomínios especiais, qual seja, o não expresso reconhecimento pela legislação brasileira da personalidade jurídica do condomínio especial e, portanto, da dúvida quanto à capacidade deste para celebrar negócios jurídicos, tais como a alienação e aquisição (gratuita e onerosa) de bens imóveis, aquisição de móveis e semoventes, contratação de terceiros para prestação de serviços, celebração de convênios, parcerias para operação de áreas comuns, dentre outros.

[12] SANTOS, Flauzilino Araújo dos. **Condomínios e Incorporações no registro de imóveis**. pg. 70. 01. ed. – São Paulo: Mirante, 2012. ISBN 978-85-65011-006.

Isso porque, embora haja notáveis posicionamento contrários, ainda se mantém dominante na jurisprudência administrativa e judicial a lição de Caio Mário da Silva Pereira[13], autor do anteprojeto da Lei nº 4.591/1964, de que o Condomínio Especial não detém personalidade jurídica e, portanto, não é sujeito apto a participar de negócios jurídicos, mantendo tão somente uma personalidade processual[14].

Sem desprestígio à fundamentada opção deste mestre das várias gerações que se sucederam, opção pois, sendo quem é não se olvidou da discussão, mas tomou sim uma escolha[15], através do presente estudo buscar-se-á apresentar uma vez mais um posicionamento contrário, consolidado e contemporâneo, posto que surge e ressurge nas rodas de discussão, nos cartórios e nos fóruns a discussão quanto a necessidade e possibilidade de se reconhecer a personalidade jurídica ou, ao menos, uma personificação do Condomínio Especial, ainda que anômala.

[13] "Especialmente deve ser lembrado que, se fosse uma pessoa, o condomínio como tal, é que seria o sujeito de todas as relações jurídicas. Não é isso que se verifica. Os titulares de direitos, quer sobre as unidades autônomas, quer sobre as partes e coisas comuns, são os condôminos e não uma inexistente ou fictícia pessoa jurídica." (PEREIRA, Caio Mario da Silva. **Instituições de Direito Civil**. p. 160. Volume IV Direitos Reais. 21ed. Rio de Janeiro: Forense, 2012).

[14] "[...] concretizou-se um entendimento pacífico de que a personalidade judiciária ou, pelo menos, a capacidade processual, surge desde a efetiva utilização dos apartamentos [...]" (FRANCO, J. Nascimento. ***Condomínio***. 2005, pg. 322, loc. cit.)

[15] "Da mesma forma, portanto, que não nos conformamos com a doutrina dos que querem aplicar os conceitos clássicos de servidão, ou do direito de superfície ao novo regime [Condomínio Edilício], também se nos afigura inadequada a invocação do conceito de personificação. Quando se cuidou de elaborar nova lei, não faltaram opiniões neste sentido. Mas não prevaleceram, e a Lei nº 4.591/64, seguindo a traça de nosso Anteprojeto, guardou fidelidade às nossas convicções." (PEREIRA, Caio Mário da Silva. ***Condomínio e Incorporações***: 4. ed. atualizada segundo a legislação vigente – Rio de Janeiro: Forense, 1981.)

Nesse sentido professa firmemente o ilustre Professor Silvio de Salvo Venosa[16]:

> Essa comunidade condominial de natureza real dúplice não pode ser considerada liminarmente pessoa jurídica, pois de fato faltam-lhe vários requisitos, e a lei não se manifesta expressamente neste sentido. Aliás, o atual Código Civil perdeu excelente oportunidade para reconhecer a personalidade jurídica desse condomínio como equiparada à da pessoa jurídica. De fato, com a sua personalidade anômala, como definimos em nossa *'Teoria Geral'* (v. 1), o condomínio de apartamentos ou assemelhado compra, vende, empresta, presta serviços, é empregador, recolhe tributos etc. **Nada impede, por exemplo, que o condomínio seja proprietário de unidades autônomas no prédio, lojas no térreo ou garagens, por exemplo, que loca e aufere renda para a comunidade condominial**. (negrito nosso)

Não obstante, a resoluta declaração de que nada impede a prática pelo condomínio especial de toda a sorte de negócios, em simples e rápida consulta às bases de pesquisa de jurisprudência administrativa, pelo menos as vinculadas à Corregedoria Geral de Justiça do Tribunal de Justiça de São Paulo, verifica-se que a viabilidade do condomínio ser proprietário de unidades autônoma não é regra, mas sim, uma exceção que tomou tempo para tomar força e, ainda hoje, é limitada.

Os precedentes encontrados no qual é admitida a personificação do condomínio especial, ainda que anômala, são de autoria do Professor Salvo Venosa que como visto acima, mantém forte convicção quanto ao tema.

[16] VENOSA, Silvio de Salvo. **Direito Civil: direitos reais**/ Sílvio de Salvo Venosa. – 12.ed – São Paulo: Atlas, 2012. -Coleção de direito civil; v.5). ISBN 978-85-224-6916-1.

Nada obstante a relativa ausência de julgados que expressamente acompanham o posicionamento abrangente acima exposto, cumpre-nos apresentar outros relevantes elementos a serem considerados.

Dentre estes, os enunciados expedidos pelo Conselho da Justiça Federal na I, III e VII Jornadas de Direito Civil e, também, na I Jornada de Direito Processual Civil:

> **Enunciado nº 100 do Conselho da Justiça Federal (I Jornada de Direito Processual Civil)**: Interpreta-se a expressão condomínio edilício do art. 784, X, do CPC de forma a compreender tanto os condomínios verticais, quanto os horizontais de lotes, nos termos do art. 1.358-A do Código Civil. (negrito nosso)[17]

O enunciado de nº 100 foi aprovado na I Jornada de Direito Processual Civil ocorrida entre 24 e 25 de agosto de 2017 e diz respeito, tão somente, a equiparação para fins de execução do crédito relativo à contribuição condominial do "condomínio edilício" ao da contribuição do "condomínio de lotes", incluído no Código Civil a partir da promulgação da Lei Federal nº 13.465 de 2017.

Tendo em vista que, o parágrafo segundo do artigo 1.358-A do Código Civil determina que as disposições sobre o condomínio edilício aplicar-se-ão, no que couber, ao condomínio de lotes, preferiu-se adotar no presente estudo a expressão "condomínio especial", em vista do fato de que tal expressão abriga de uma só vez o condomínio edilício e o condomínio de lotes.

Assim, embora os três próximos enunciados a serem analisados façam referência ao condomínio edilício, para o presente

[17] CONSELHO DA JUSTIÇA FEDERAL. Enunciados da I Jornada de Direito Processual Civil. Disponível em: <http://www.cjf.jus.br/enunciados/enunciado/1021>. Acesso em 24 jun. 2018.

estudo, serão considerados aplicáveis também ao condomínio especial, no sentido ora adotado, que em relação ao Complexo Administrativo Condominial mantém idêntica estrutura.

> **Enunciado nº 90 do Conselho da Justiça Federal (I Jornada de Direito Civil)**: Deve ser reconhecida personalidade jurídica ao condomínio edilício nas relações jurídicas inerentes às atividades de seu peculiar interesse. (negrito nosso)[18]
>
> **Enunciado nº 246 do Conselho da Justiça Federal (III Jornada de Direito Civil)**: Fica alterado o Enunciado n. 90, com supressão da parte final: "nas relações jurídicas inerentes às atividades de seu peculiar interesse". Prevalece o texto: 'Deve ser reconhecida personalidade jurídica ao condomínio edilício'. (negrito nosso)[19]
>
> **Enunciado nº 596 do Conselho da Justiça Federal (VII Jornada de Direito Civil)**: O condomínio edilício pode adquirir imóvel por usucapião. (negrito nosso)[20]

Os enunciados acima foram expedidos nas jornadas promovidas pelo Centro de Estudos Judiciários do Conselho da Justiça Federal e representam o produto dos debates entre profissionais eminentes no tema.

Pelo exposto, tem-se os enunciados de nº 90, 246 e 596, em síntese, consolidado um entendimento doutrinário de que deve ser reconhecida personalidade jurídica ao condomínio

[18] CONSELHO DA JUSTIÇA FEDERAL. Enunciados da I Jornada de Direito Civil. Disponível em: <http://www.cjf.jus.br/enunciados/enunciado/718>. Acesso em 24 jun. 2018.

[19] CONSELHO DA JUSTIÇA FEDERAL. Enunciados da III Jornada de Direito Civil. Disponível em: <http://www.cjf.jus.br/enunciados/enunciado/478>. Acesso em 24 jun. 2018.

[20] CONSELHO DA JUSTIÇA FEDERAL. Enunciados da VII Jornada de Direito Civil. Disponível em: <http://www.cjf.jus.br/enunciados/enunciado/854>. Acesso em 24 jun. 2018.

edilício; e, que, o condomínio especial pode adquirir imóvel por usucapião.

Sendo que, para esta segunda tese aprovada, na forma do Enunciado nº 596 da VII Jornada de Direito Civil, foi também aprovada pelos lá presentes, através de coordenação pelo Ministro Ruy Rosado Aguiar[21] e pelo Professor Gustavo José Mendes Tepedino[22], a seguinte justificativa:

> Conquanto persista algum debate em torno da atribuição, ou não, de personalidade jurídica ao condomínio edilício, *tem-se visto um número maior de situações nas quais resta admitida a aquisição de propriedade imobiliária por esta figura jurídica*. O STJ já reconheceu a personalidade do condomínio para fins tributários. O Enunciado 246 da III Jornada de Direito Civil (que modificou o Enunciado 90 da I Jornada), por sua vez, estipula que: "Deve ser reconhecida personalidade jurídica ao condomínio edilício". O Conselho Superior da Magistratura do Tribunal de Justiça de São Paulo, embora não admita a irrestrita e incondicional atribuição de personalidade jurídica ao condomínio edilício, tem admitido a aquisição de imóveis por este último, *inclusive por meio de escritura pública de compra e venda* (vide Apel. Cível 001991077.2012.8.26.0071 abril/2013). Tanto a Lei 4.591/1964 (ao versar sobre o leilão extrajudicial art. 63, § 3º) quanto o CPC (ao regrar a hasta pública) respaldam a aquisição de propriedade em nome do condomínio edilício, *o que se tem verificado na prática*. Assim, tendo em vista o acima exposto, pensamos ser viável a usucapião de imóvel pelo próprio condomínio edilício *quando feita em benefício dos condôminos que o possuem coletivamente*.

[21] Foi coordenador-geral desta VII Jornada de Direito Civil do Conselho da Justiça Federal.

[22] Foi coordenador da Comissão de Trabalho do Direito das Coisas.

Interpreta-se da justificativa oferecida ao enunciado, cuja aprovação foi obtida em evento com a participação de "trezentos inscritos, entre eles professores de Direito Civil, doutrinadores, desembargadores e juízes federais e estaduais, advogados, membros do Ministério Público, procuradores da República e da Justiça de todas as regiões do país."[23] que, embora tenham-se passado treze anos entre a I e a VII Jornadas de Direito Civil, e que ainda não haja um consenso absoluto quanto à atribuição da personalidade jurídica do condomínio, não se nega que cada vez mais vem sendo admitida a tese da personalidade/personificação do condomínio especial e de sua capacidade para firmar negócios jurídicos e até mesmo adquirir imóveis por usucapião.

3.2. Apontamentos da Legislação Estrangeira

Conforme leciona J. Nascimento Franco, outros países já superaram a questão através de mudanças legislativas impulsionadas pelo entendimento jurisprudencial:

> Na França, o reconhecimento da personalidade jurídica do condomínio antecipou-se à lei agora vigente. De fato, a lei francesa de 1938 era, como a brasileira, completamente omissa sobre a matéria.
>
> Mas a Lei 60.577, de 10.07.1965, no art. 14, dispôs expressamente que a coletividade de proprietários tem personalidade jurídica. É o que relatam François Givord e Claude Giverdon, em obra clássica: "Aux termes de l'art 14, alinéa 1er, de la loi de 1965, le syndicat "a la personnalité civile". Ce texte constitue une innovation

[23] CONSELHO DA JUSTIÇA FEDERAL, Centro de Estudos Judiciários. **VII Jornada de Direito Civil**, [28-29 de setembro de 2015, Brasília]. pg.7 – Brasília. 2015. Disponível em: <http://www.cjf.jus.br/cjf/corregedoria-da-justica-federal/centro-de-estudos-judiciarios-1/publicacoes-1/jornadas-cej/vii-jornada-direito-civil-2015.pdf>. Acessado em 24/06/2018.

reconnu l'existence de cetter personnalité morale du syndicat. Mais principe fundamental que tout groupement qui posséde des droits reconnu la personallité du syndicat. Il s'agit done d'une consecrátion législative, beaucop plus que d'une creation dont effets de cette responsabilité, que certaines decisions tendaient à minimiser (La *copropriété*, Dalloz, 1968, p. 226).

Hernán Racciatti, sem dúvida o maior tratadista da matéria na Argentina, preleciona que em seu país a nova lei, reconhecendo essa prerrogativa, **apenas confirmou o que já vinha sendo decidido e aplicado pelos tribunais de todo o país com aplausos de todos os doutrinadores**: "Y si, em Derecho, sujestos jurídicos son las personas, y si el concepto de persona no equivale solamente al de ser humano, sino al de todo ente com aptitud patrimonial (arts. 30, 31 e 32 etc. del CC), es decir, dotado de la calidad de ser sujeto activo o passivo de derechos, no puede dejar de reconecerse en el consorcio de propietarios la existencia de uma personalidade jurídica, no ya limitida o restringida, a partir de la sanción de la Lei 17.711, sino plena y perfecta, aunque, desde luego, como toda personalidade moral, con capacidade circunscripta al cumplimiento de los fines de su creación. Por que estas ideas acerca de la existencia de la personalidade del consorcio de propietarios em nuestro Derecho, respecto de la cual venimos insisitiendo desde nuestros primeiros trabajos sobre la materia, que hoy prevalecen de manera pacífica en la jurisprudencia de todo el país, y que también han merecido la adhesión de la mayor parte de ladoctrina, terminan por recibir la necessária consagración legislativa en el nuevo texto del art. 33 del CC, que permite incluir, em la categoria de las personas jurídicas de Derecho Privado, a todos los entes que, como el consorcio, tengam capacidade suficiente para ser titulares de derechos y deberes" (*Propiedad horizontal por pisos o por departamentos*, 2ª ed., p. 174)

Na Colômbia, a Lei 16, de 1985, declara expressamente no art. 3º, que propriedade horizontal, uma vez constituída legalmente, é uma pessoa jurídica distinta dos proprietários das unidades autônomas.[24]

3.3. Síntese dos Fundamentos mais Relevantes

Os principais fundamentos utilizados para negar a atribuição da personalidade jurídica ao condomínio especial, conforme separação adotada por Caio Mário[25] ao decompor os requisitos para conjugação de uma pessoa jurídica, são: a falta de elemento volitivo na constituição do condomínio edilício, a inobservância das disposições legais vigentes (notadamente o art. 44) e, por fim, a legalidade de seu propósito.

Adiantando à conclusão, o entendimento aqui adotado é que nenhum dos argumentos sintetizados servem de barreira para o reconhecimento da personalidade jurídica do condomínio especial, tendo em vista que podem ser superados a partir de uma interpretação menos formalística e mais lógica.

O método ora utilizado guarda relação com o processo hermenêutico aduzido por Carlos Maximiliano[26]:

> [...] o processo lógico propriamente dito consiste em descobrir o sentido e o alcance de expressões do Direito sem o auxílio de nenhum elemento exterior, como aplicar ao dispositivo em apreço um conjunto de regras tradicionais e precisas, tomadas de empréstimo à lógica geral.

[24] FRANCO, J. Nascimento. ***Condomínio***. 2005, pg. 324-326, loc. cit.

[25] *"Para a constituição ou o nascimento da pessoa jurídica é necessária a conjugação de três requisitos: a vontade humana criadora, a observância das condições legais de sua formação e a liceidade de seus propósitos"*. PEREIRA, Caio Mário da Silva. **Instituições de Direito Civil**. p. 298. Introdução ao Direito Civil. Volume I. 22ed. atualizada por Maria Celina Bodin de Moraes; Rio de Janeiro: Forense, 2007.

[26] MAXIMILIANO, Carlos. 1941. Hermenêutica e Aplicação do Direito. cit., págs. 155-156. *apud* MONTEIRO, Washington de Barros. MALUF, Carlos Alberto Dabus. **Curso de Direito Civil, Volume 3: direito das coisas.** 42ª ed. – São Paulo: Saraiva, 2012. ISBN 978-85-02-15546-6.

> Pretende do simples estudo das normas em si, ou em conjunto, por meio de raciocínio dedutivo, obter a interpretação correta.

Isso porque, em verdade, há relevantes argumentos capazes de desconstituir ou ressignificar os conceitos em prol de uma amenização do rigor das palavras, assim leciona os doutrinadores MONTEIRO e MALUF[27]:

> Deve-se, portanto, o pensamento prevalecer sobre a letra, a ideia valer mais do que o seu invólucro verbal.
>
> [...]
>
> Cumpre não perder de vista que o art. 5º da Lei de Introdução ao Código Civil [atualmente denominada "Lei de Introdução às normas do Direito Brasileiro] dispõe que "na aplicação da lei, o juiz atenderá aos fins sociais a que ela se dirige e às exigências do bem comum.

Entende-se, que o elemento volitivo de manifestação de vontade específica ao complexo administrativo condominial é preenchido quando da instituição do condomínio especial, isso porque, para tanto, será necessária a prévia subscrição da convenção condominial pelos condôminos que representem no mínimo dois terços das frações ideais do condomínio especial.

É importante ponderar que em virtude de lei (artigo 1.333 do Código Civil) a decisão da maioria formada por dois terços dos condôminos vinculam a todos os demais, ou seja, por disposição legal especial o elemento volitivo de formação do condomínio edilício é exercido em comunidade, sendo certo, que é ilógico e inaceitável a alegação de que os condôminos discor-

[27] MAXIMILIANO, Carlos. 1941. Hermenêutica e Aplicação do Direito. cit., págs. 155-156. *apud* MONTEIRO, Washington de Barros. MALUF, Carlos Alberto Dabus. **Curso de Direito Civil, Volume 3: direito das coisas.** 42ª ed. – São Paulo: Saraiva, 2012. ISBN 978-85-02-15546-6.

dantes não teriam manifestado sua vontade específica, visto que nos termos do artigo 3º da Lei de Introdução às normas do Direito Brasileiro *"Ninguém se escusa de cumprir a lei, alegando que não a conhece"*.

Ainda quanto ao elemento volitivo, traz relevante questionamento o notário Ricardo Guimarães Kollet[28]:

> A doutrina tem utilizado como um dos motivos determinantes para decretar a ausência do elemento volitivo, em questão, o fato de que os futuros adquirentes, ao ingressarem no regime da propriedade horizontal, não participariam do processo formativo do pacto social retromencionado. Instaurado o regime da propriedade horizontal, instituído o condomínio, como ficariam as sucessivas transmissões pelas quais passam os imóveis objetos da mesma e a questão da vontade dos novos condôminos que não participaram do pacto original, notadamente se a transmissão decorresse de direito sucessório?

E, logo em seguida, sem tergiversar, expõe que não se adquire um imóvel sem a vontade de titular-se em sua propriedade, até mesmo nos casos de sucessão. Há inexoravelmente na aquisição sempre o exercício de uma opção. No caso, aquele que adquire unidade de condomínio especial, adquire aceitando a submissão desse imóvel ao complexo real e ao complexo administrativo condominial, manifestando assim sua vontade, ainda que de forma tácita (conforme: KOLLET, 2006, p. 106).

Não bastasse isso, o artigo 1.334 do Código Civil autoriza que os interessados insiram na convenção o que "houverem por bem estipular", sendo-lhes, portanto, conferido pelo ordenamento vigente clausularem e/ou revisarem a convenção a qual-

[28] KOLLET, Ricardo Guimarães. **Propriedade Horizontal e Condomínio Edilício: Em busca de uma identidade jurídica. Revista de Direito Imobiliário: RDI**, v. 29, n. 60, p. 106, jan/jun. 2006.

quer tempo, desde que com a aprovação do quórum legal, por sinal, idêntico ao utilizado para a instituição do condomínio. Trata-se de verdadeiro exercício da estrutura orgânica do Condomínio Edilício, aqui denominada como Complexo Administrativo Condominial.

Considerando-se que o terceiro fundamento não constituiu, de fato, um fundamento relevante a ser utilizado para negar a atribuição da personalidade jurídica ao condomínio especial, pois o propósito, legalidade e importância do complexo administrativo condominial já restou amplamente demonstrado no presente estudo, optou-se por não se alongar quanto ao tema.

Por outro lado, outro argumento utilizado corriqueiramente e correlacionado com a suposta falta de elemento volitivo é a alegação de que falta também *affectio societatis* aos condôminos. Os críticos utilizam este argumento valendo-se do condomínio especial como complexo real, pois para estes os condôminos estão ligados apenas por direitos derivados da propriedade, e não por um legítimo e voluntário interesse de manter-se em sociedade.

A este respeito a notável Maria Helena Diniz firmemente se posiciona no sentido de reconhecer a *affectio societatis* do condomínio especial de forma singular, ainda que assemelhado ao das fundações, em função de sua finalidade expressa constante no ato constitutivo e de sua existência permanente:

> "No condomínio há uma affectio societatis similar à fundação, expressa no documento constitutivo, na incorporação ou na Convenção inicial, além de existência permanente; daí ser uma nova figura jurídica, com irrecusável aptidão à titularidade de direitos, deveres e pretensões.
>
> [...]
>
> É uma pessoa jurídica que, em todos os seus atos, deve respeitar o 'princípio da especialidade', restringindo-se a regular a sua

vida, não podendo desviar-se dessa finalidade, dedicando-se, por exemplo, a atividades comerciais".[29]

Verificada a existência de elemento volitivo dos condôminos na formação do complexo administrativo condominial e de uma equiparação do condomínio especial à fundação para fins de justificar a existência de singular *affectio societatis*, passa-se a analisar se o processo de constituição deste complexo também atende os requisitos legalmente estabelecidos às pessoas jurídicas de direito privado.

Estes requisitos foram analisados pelo Professor Cândido Rangel Dinamarco e Paulo Eduardo Fucci, no brilhante artigo elaborado em coautoria, que conta com interessante análise do Projeto de Lei 4.816 de 2009, atualmente arquivado, que, por sua vez, objetivava alterar a Lei de Registros Públicos e o Código Civil para conferir "*aos condomínios edilícios a oportunidade se constituírem como pessoas jurídicas*"[30]. Destacam-se os seguintes trechos:

> Pessoa jurídica de direito privado não é sinônimo de sociedade ou associação civil, fundação, organização religiosa ou partido político. **Nem existe, tecnicamente, algo que impeça que outros entes coletivos, como o condomínio edilício, tenham personalidade jurídica**.
>
> Se a lei atribuir expressamente personalidade jurídica ao condomínio edilício, isso não o descaracterizará como instituto de direito real. As relações dele decorrentes não se tornarão de natureza meramente pessoal, contratual ou estatutária. Nem o tor-

[29] DINIZ, Maria Helena. **Curso de direito civil brasileiro** – Teoria geral do direito civil. 18. ed. São Paulo: Saraiva, 2002. v.1. p.255.

[30] CÂMARA DOS DEPUTADOS. Brasília. PL 4.816/2009. Disponível em: <http://www.camara.gov.br/proposicoesWeb/prop_mostrarintegra?codteor=636977>. Acesso em: 10 ago. 2018.

nará uma empresa (atividade economicamente organizada). **E ele poderá continuar a ser regulado por leis ou preceitos específicos, como, aliás, o art. 44, § 3º, do Código Civil dispõe em relação aos partidos políticos.**

[...]

Nem todas as pessoas jurídicas devem ingressar no Registro Civil de Pessoas Jurídicas. Existem as sociedades de advogados, cujo registro é feito na Ordem dos Advogados do Brasil. As sociedades empresariais são registradas no Registro Público de Empresas Mercantis e Atividades Afins (lei 8.934/94 e art. 1.150, primeira parte, do Código Civil), de cujo sistema fazem parte as Juntas Comerciais.

Nada impede, portanto, que o Registro de Imóveis, junto ao qual o condomínio edilício precisa estar necessariamente regularizado e que confere ampla publicidade ao ente corporativo, também seja suficiente para a regularização da sua personalidade jurídica. Autoriza-se a mera inscrição do CNPJ/MF, sem necessidade de maiores formalidades, mais um registro público e novas despesas.

[...]

A **única disposição que parece razoável é a que acrescenta o incs. VI ao art. 44 do Código Civil**, inserindo os condomínios edilícios no rol de pessoas jurídicas de direito privado, o que facilitará, dentre outras situações, a presença desse ente coletivo como réu em certas demandas, como de usucapião, sem precisar da citação de todos os condôminos em litisconsórcio necessário e unitário.

[...]

Para lhe conceder personalidade jurídica de direito privado, **não há a menor necessidade de obrigar o condomínio edilício a ter o mesmo formato ou a se transformar em espécie de sociedade ou associação civil.** Nesses casos, a reunião de pessoas ou de patrimônios se realiza com base em outros escopos.[31] (grifos nossos)

A análise dos juristas é completa, a legislação hoje existente já preenche substancialmente os aspectos formais (registros e publicidades) e materiais (quóruns de deliberação, representantes, finalidade, composição de conselhos e outros) necessários para reconhecer a personificação do condomínio especial, sendo, portanto, entre todas as alterações propostas no projeto, a única que se entende relevante a que previa a expressa inclusão do condomínio especial no rol de pessoas jurídicas previsto no artigo 44 do Código Civil.

Não porque é fundamental[32], mas por eliminar as dúvidas que remanescessem, orientando de forma clara todos os partícipes e os agentes do complexo administrativo condominial, principalmente, sanando uma série de desentendimentos junto aos Registros Imobiliários, principais devotos ao princípio da legalidade.

O cenário leva a entender que a força motriz desta ressignificação de conceitos, não provém dos legisladores, mas dos juristas pela formação de jurisprudência. Não poderia ser diferente, pois é da subsunção dos fatos às normas que o poder judiciário cria e amolda o direito aos ditames constitucionais, de forma a atender à realidade.

[31] DINAMARCO, Cândido da Silva. FUCCI, Paulo Eduardo. Personalidade Jurídica do Condomínio Edilício. **Portal IRegistradores**. Associação dos Registradores Imobiliários de São Paulo – ARISP. 12 nov. 2009. Disponível em: <http://iregistradores.org.br/personalidade-juridica-do-condominio-edilicio/>. Acesso em: 24/06/2018.

[32] *"A relação das pessoas jurídicas de direito privado constante do art. 44, incs. I a V, do Código Civil não é exaustiva."* (CONSELHO DA JUSTIÇA FEDERAL. Enunciados da I Jornada de Direito Civil. Disponível em: < http://www.cjf.jus.br/enunciados/enunciado/235>. Acesso em 24 jun. 2018.)

4. Negócios Jurídicos

4.1. Evolução do Entendimento Jurisprudencial

A Lei de Introdução às normas do Direito Brasileiro foi revisada pela Lei Federal nº 13.655, de 2018, dando espaço para alguns interessantes e oportunos conceitos.

Considerando o escopo do presente estudo e passando a tratar a respeito da evolução do entendimento jurisprudencial, entendeu-se por relevantes analisar esses conceitos introduzidos, pois poderão servir de base para que os operadores do direito busquem dar espaço para o desenvolvimento de estratégias, tentativas e negócios mais arrojados para o desenvolvimento dos condomínios especiais, atentando-se que esta legislação é mais um dos muitos elementos expostos no presente estudo a usufruírem para buscar o reconhecimento jurídico de tais práticas.

Destarte, destacam-se as provisões contidas no *caput* do artigo 20 – "*Nas esferas administrativas, controladora e judicial, não se decidirá com base em valores jurídicos abstratos sem que sejam consideradas as consequências práticas da decisão*" – e de seu parágrafo único – "*A motivação demonstrará a necessidade e a adequação da medida imposta ou da invalidação de ato, contrato, ajuste, processo ou norma administrativa, inclusive em face das possíveis alternativas*".

Relevantes as alterações que introduzem dispositivo legal expresso determinando o atendimento de fundamento principiológico elementar para qualquer jurista, mas por muitos relegados. Qual seja, o dever de analisar a realidade existente antes de buscar a aplicação do direito e, devidamente comprovar a necessidade e a adequação das imposições, sem jamais se olvidar de analisar quais seriam as alternativas plausíveis e menos onerosas.

Nesse sentido, embora anterior à referida legislação, encontra-se o precedente[33] do Conselho Superior da Magistratura de

[33] CONSELHO SUPERIOR DE MAGISTRATURA DO TRIBUNAL DE JUSTIÇA DE SÃO PAULO. Apelação Cível em Dúvida nº 0019910-

São Paulo, no qual foi reconhecida, por razoabilidade e pertinência, a aptidão de condomínio edilício adquirir imóvel vizinho objetivando ampliar seu estacionamento, tendo em vista a autuação do empreendimento pelo Município e a inviável alternativa de aprovar-se tal aquisição por um sem número de condôminos. Veja-se:

> "Nada obstante a situação enfrentada não se encaixe nas exceções mencionadas, convém suavizar ainda mais o rigor legal. Isto é, focada a instrumentalidade dos registros públicos e **a atuação do condomínio edilício na vida negocial – participando de diversas operações econômicas como centro unitário de direitos e deveres – impõe franquear-lhe a aquisição de imóveis em casos similares ao aqui examinado.**
>
> Em outras palavras: é razoável, também, permitir ao condomínio edilício a aquisição de bens imóveis direcionados à ampliação das vagas de estacionamento, voltados ao aumento da área de garagem, desde que autorizada pela unanimidade dos condôminos presentes em assembléia, revelada a pertinência da incorporação patrimonial, quando confrontada com atividade-fim do condomínio, e evidenciada a sua reversão em benefício de todos os condôminos.
>
> A solução mais se justifica quando considerada a noticiada imposição estatal e, portanto, o risco de sanção administrativa decorrente do número insuficiente de vagas para estacionamento, **bem como os inconvenientes práticos que certamente adviriam da necessidade de obter o consentimento de todos os condôminos para formalização do negócio jurídico.**
>
> Em resumo: **desautorizada, pela ordem jurídica, a irrestrita e incondicional atribuição de personalidade jurídica ao condomínio**, contraindicada, também, em função da tutela do

77.2012.8.26.0071. Relator: Desembargador José Renato Nalini. Bauru/SP. J. em 18/04/2013.

> patrimônio dos condôminos minoritários é de rigor, em contrapartida, dialogando com a realidade fática, combustível da vitalidade do direito, força viva em perene atualização, temperar a proibição legal.
>
> Pelo todo exposto, **insubsistentes, in concreto, as exigências, então atreladas à falta de personalidade jurídica do condomínio edilício**, dou provimento ao recurso para julgar improcedente a dúvida e determinar o registro da escritura pública de venda e compra (fls. 51/54)".

Importante notar que, apesar de aparentar não reconhecer a personalidade jurídica deste condomínio, simplificando o vocabulário utilizado, aparenta-se ter este Conselho entendido que – não subsistiram neste caso concreto as exigências ligadas à falta de personalidade jurídica do condomínio.

Ou seja, supostamente os impeditivos/exigências ao reconhecimento da personalidade jurídica não foram capazes de fazer frente à autorização unânime dos condôminos presentes em assembleia, da reversão da área em benefício de todos, da busca pelo atendimento da atividade-fim do condomínio, da atuação negocial deste condomínio e na proteção aos condôminos minoritários.

Além do importante precedente acima, também sé destacam os acórdãos dos Tribunais de Justiça de Minas Gerais[34] e do Rio Grande do Sul[35] que reconheceram a regularidade da aquisição

[34] BRASIL. Tribunal de Justiça de Minas Gerais. Aquisição de imóvel por doação pelo Condomínio Edilício. **Apelação Cível em Dúvida nº 1.0188.13.006872-2/001**. Relator: Desembargador Marcelo Rodrigues. Nova Lima/MG. J. em 24/11/2015. Disponível em: < http://irib.org.br/be/app/webroot/files/editor/files/4518.pdf>. Acesso em 26 mar. 2018.

[35] BRASIL. Tribunal de Justiça do Rio Grande do Sul. Aquisição de imóvel por doação pelo Condomínio Edilício. **Apelação Cível Nº CNJ 0173014-59.2016.8.21.7000**. Relator: Desembargador Giovanni Conti. Porto Alegre/RS. J. em 30/06/2016. Disponível em: <http://www.tjrs.jus.br/site_php/consulta/

de unidades autônomas pelo condomínio especial por doações efetuadas – no acórdão mineiro – pela respectiva incorporadora do empreendimento objetivando a instalação de serviços *pay per use* (pague para usar) já constantes da convenção condominial; e, das áreas administrativas (servidão de passagem, alojamento de funcionários, escritórios de administração) que compunham a infraestrutura de clube de golfe sul-rio-grandense desenvolvido sob a forma de condomínio especial.

Inclusive, havendo entendimento jurisprudencial a respeito, cumpre observa que a Lei de Introdução às Normas do Direito Brasileiro em seu Art. 24, *caput* preveem um tratamento próprio destinado à revisão dos atos, contratos, ajustes, processos e normas administrativas já plenamente constituídos, qual seja, a necessidade de tais atos serem considerados pelas orientações gerais da época em que constituídos, evitando assim que mudanças de orientação possam ocasionar risco aqueles que desenvolveram seus negócios sob a égide de orientações válidas.

Tais orientações são definidas pelo parágrafo único do referido artigo, como as "*interpretações e especificações contidas em atos públicos de caráter geral ou em jurisprudência judicial ou administrativa majoritária, e ainda as adotadas por prática administrativa reiterada e de amplo conhecimento público*".

Quanto à jurisprudência, expõe-se por fim o reconhecimento pelo Supremo Tribunal Federal[36] da possibilidade de um condomínio especial estar suscetível a danos morais. Vide ementa:

download/exibe_documento.php?numero_processo=70069628204&ano=2016&codigo=1090214>. Acesso em 26 mar. 2018.

[36] BRASIL. SUPERIOR TRIBUNAL DE JUSTIÇA. Possibilidade do Condomínio sofrer dano moral. **Agravo Regimental do Recurso Especial nº 189.780/SP.** Relatora: Ministra Assusete Magalhães. Brasília. J. em 09/09/2014. Disponível em: <https://ww2.stj.jus.br/processo/revista/documento/mediado/?componente=ITA&sequencial=1347788&num_registro=201201212433&data=20140916&formato=HTML>. Acesso em 26 mar. 2018.

> PROCESSUAL CIVIL E ADMINISTRATIVO. AGRAVO REGIMENTAL EM AGRAVO EM RECURSO ESPECIAL. CONCESSIONÁRIA DE SERVIÇO PÚBLICO. CORTE NO FORNECIMENTO DE ENERGIA ELÉTRICA. APURAÇÃO UNILATERAL DE FRAUDE NO MEDIDOR. ILEGALIDADE. *CONDOMÍNIO. EQUIPARAÇÃO À PESSOA JURÍDICA.* DANO MORAL NÃO CONFIGURADO. AUSÊNCIA DE PROVA DE OFENSA À HONRA OBJETIVA. PRECEDENTES DO STJ. SÚMULA 7/STJ. AGRAVO REGIMENTAL DESPROVIDO.
>
> II. Embora o condomínio não possua personalidade jurídica, *deve-lhe ser assegurado o tratamento conferido à pessoa jurídica, no que diz respeito à possibilidade de condenação em danos morais*, sendo-lhe aplicável a Súmula 227 desta Corte, **in verbis**: "A pessoa jurídica pode sofrer dano moral".
>
> III. O acórdão recorrido encontra-se em consonância com a jurisprudência desta Corte, no sentido de que a pessoa jurídica pode sofrer dano moral – no caso, o Condomínio –, desde que demonstrada ofensa à sua honra objetiva.

O entendimento do STF de que de alguma forma o condomínio poderia ter "sofrido qualquer dano em sua honra objetiva" é paradoxal, pois, se a primeira vista não reconhece personalidade jurídica à segunda reconhece até mesmo a honra a ente supostamente despersonalizado admitindo inclusive a aplicação de Súmula destina às pessoas jurídicas.

Diante do exposto, entende-se que opera um momento ideal para se fomentar as discussões necessárias para ressignificação do instituto do condomínio especial, de forma a reconhecer ao complexo administrativo condominial a personalidade jurídica, seja através das ações judiciais e processos administrativos (pedidos de providências ou suscitação de dúvida) ou buscando alguma revisão legislativa bem orientada.

Segundo IHERING, "O direito não é uma pura teoria, mas uma força viva."[37], assim o sendo, na ausência da lei inequívoca se arma nas suas demais fontes para amoldar-se à realidade.

4.2. Negócios Jurídicos pelo Condomínio Especial

São diversas as possibilidades de negócios praticados pelo condomínio especial, destacam-se: a aquisição de terrenos contíguos para ampliação do empreendimento; a aquisição (gratuita ou onerosa) de unidades para implantação de serviços previstos em convenção condominial; a cessão de uso de espaços em área comum[38]; a contratação de operadores das áreas comuns ou privativas para fornecimento de serviços (estacionamento, lavanderia, cinemas, SPA, bar, parque aquático, dentre outros); a administração e formação de convênios para prestação de serviços facultativos aos condôminos (tais como, veículos compartilhados, manutenção geral da unidade, entretenimento, "concierge", dentre outros).

É comum nos empreendimentos mais modernos que o condomínio especial disponibilize aos seus frequentadores uma série de serviços pagos por utilização, a serem prestados por terceiros especializados.

Os mais comuns são: as lavanderias profissionais, os serviços de cuidado para beleza e de SPA e de manutenções.

No entanto, há complexos empreendimentos de uso misto, no qual se integram atividade hoteleira, centro de compras, lazer, escritórios e residencial, capazes de oferecer aos condôminos moderadores todo um bojo de serviços como cinema comercial; assistentes de recreação infantil; concierge para eventos e festas; entrega de alimentos; cursos acadêmicos, musicais e

[37] RUDOLF VON IHERING. **A luta pelo direito**: texto integral. Tradução de Mario de Meroe. São Paulo: Centauro, 2003. p. 21.)

[38] FRANCO, J. Nascimento. *Condomínio* – 5. ed. ver., atual. e ampl. – São Paulo : Editora Revista dos Tribunais, 2005. ISBN 85-203-2665-X.

de línguas; além de uma série de outras opções cujo limite é a estruturação física do empreendimento.

Importa observar que para esses empreendimentos são contratadas empresas de administração condominial para gerir cada um destes setores específicos, sendo certo que a competência e responsabilidade pelas aprovações e celebração dos respectivos contratos se dá por responsabilidade do síndico ou do representante do setor, com poderes outorgados pelo síndico.

Toda essa estrutura, apesar de ainda atrativa, poderia ser desenvolvida pelo complexo administrativo condominial do próprio Condomínio Edilício mediante uma composição por gestão profissional, como a desenvolvida por síndicos profissionais.

De fato, observa o advogado norte-americano Charles B. Jimerson[39] a respeito da legislação e da prática no estado da Flórida, nos Estados Unidos da América:

> [...]
>
> Each unit owner owns his/her unit, traditionally an apartment style residence, and an undivided interest in the common elements, in accordance with the unit owners' percentage interest set forth in the declaration. Each unit has a separate parcel identification or tax identification number, but because the common elements are collectively owned, there is no separate parcel identification or tax identification number for common elements.
>
> In Florida, the condominium association is required to be a Florida corporation. Fla. Stat. § 718.111(1)(a). The corporate form of association has been the predominant form throughout the United States for essentially the same reasons business entities

[39] JIMERSON & COBB, P.A. Artigo publicado em LORMAN. **Florida Condo laws: Condominium Association Defined.** Disponível em: <http://www.lorman.com/resources/florida-condo-laws-condominium-association-defined-16230>. Acesso em: 22 jul. 2018.

may take the corporate form over other alternatives — reasons that include limited liability, legal recognition, tax benefits, and certainty of internal structure governed by corporate and not--for-profit corporate statutes.

[...]

The power and authority of a condominium association to act is a matter of statutory grant combined with additional grants of authority under the declaration of condominium, articles, and bylaws of the condominium association (the "condominium documents"). **The association is granted the capacity to sue and be sued; to be able to grant, convey, or receive both real and personal property; to have the authority to indemnify its officers and directors under certain circumstances; to make contracts for, acquire, and invest in other corporations, as well as to hold property; to borrow money and hypothecate its assets; and, generally, to do such other things as may be permitted by law or as otherwise provided in its governing articles and bylaws.**

See Fla. Stat. § 718.111(2)-(14) and 718.114 detailing statutory powers granted to Florida condominium associations. In sum, the goal of the association is to uphold standardization within the condominium community and to provide a mechanism for the unit owners to combine their financial and intellectual resources for their mutual benefit. The association, pursuant to its governing documents and state statute, acts to preserve the nature and character of the condominium community. In fulfilling its goals, the association takes on various roles including that of a regulatory agency and a corporate entity. **Through effective condominium administration, condominium association maintenance, covenant and rule enforcement and generation of funds, unit owners can be assured that the community's environment will be consistent with that which they purchased**

and their association will be charged with maintaining those safeguards through purposeful activity. (destaques nossos)

A estruturação do Condomínio Especial como uma sociedade comercial é prevista na legislação do Estado da Flórida e, segundo o referido articulista, é a prática predominante nos Estados Unidos devido à limitação da responsabilidade, reconhecimento jurídico da entidade condominial, benefícios fiscais e a vantagem de ter-se uma governança corporativa e profissional.

A busca por uma administração profissional, melhor utilização dos recursos e adoção das melhores e mais inovadoras práticas, fizeram com que diversos países reconhecessem tal possibilidade em seus ordenamentos[40].

No Brasil, a questão vem sendo tratada de forma devagar, porém recentemente atenciosa. Não é por menos, é uma ressignificação de alta importância.

Devendo-se em razão disto restar claro que o presente estudo não busca justificar que os condomínios especiais se constituam como pessoas jurídicas de ilimitada atuação empresarial.

Busca-se admitir que a imposição de barreiras ilimitadas diretamente na origem, qual seja o reconhecimento da personalidade jurídica e/ou da capacidade do condomínio ser parte em negócios jurídicos, impede o desenvolvimento e o fortalecimentos das instituições jurídicas.

O desenvolvimento é prejudicado não porque os negócios deixarão de ser realizados, as necessidades e fatos atropelam a ressignificação jurídica e acontecem espontaneamente, mas pelo fato de que sem conceitos jurídicos claros, os riscos aumentam e com isso também os custos a serem repartidos, no presente caso, entre uma imensa quantidade de pessoas que convivem em comunidades condominiais.

[40] FRANCO, J. Nascimento. ***Condomínio***. 2005, pg. 324-326, loc. cit.

Entre as práticas comercialmente comuns nos condomínios especiais brasileiros está a contratação de operadores das áreas comuns ou privativas para fornecimento de serviços, note-se que estes contratos em boa parte das vezes não se limitam à locação de tais áreas, mas de fato contemplam o oferecimento de serviços aos condôminos ou terceiros que adentrarem ao complexo real do condomínio, sendo a remuneração do complexo administrativo condominial muitas vezes atrelada ao risco da operação.

O exemplo mais clássico é o da operadora da garagem que remunera o condomínio especial em proporções pré-definidas em razão da sua clientela mensal estimada. sendo certo que uma baixa clientela poderá ocasionar uma retribuição ao condomínio que, comumente, pode ser inferior ao valor que se atribuiria a locação de tal área.

Ou seja, admite-se notoriamente e sem muito questionar, que um condomínio ofereça a garagem do edifício para exploração assumindo o risco de receber menos do que um aluguel médio sobre a área. Mas com a possibilidade, em virtude do sucesso do serviço, a ser prestado pela operadora da garagem, receber quantia muito mais significativa do que a de um aluguel médio.

É assim para a operadora de garagem e é assim para diversos outros conveniados, prestadores de serviço ou parceiros de negócios com condomínios edilícios.

Essa prática já adotada com o cuidado dos advogados em confeccionar convenções condominiais que admitam tal atuação sem escancarar aos registradores, o questionamento a respeito da incapacidade do condomínio de celebrar tais negócios, é por vezes confrontada por um condômino insatisfeito que se contrapõe a administração condominial e as vezes até impossibilita a continuidade do serviço ainda que em benefício e aprovação de quase a totalidade da comunidade condominial.

Outros dos negócios comuns aos condôminos, mas de duvidável sustento com adoção da tese da ausência de personalidade jurídica, é a antecipação de recebíveis, no qual, condôminos alienam os direitos creditórios de cotas condominiais para empresas especializadas que, em contrapartida, pagam um valor com desconto para ficar com as contas atrasadas e assumir o ônus da cobrança.

Tais créditos do condomínio especial que poderiam até mesmo ter origem em outras fontes que não as cotas condominiais, como: os alugueis de áreas comuns, os percentuais recolhidos pelo oferecimento de serviços pagos por utilização (pay-per-use), dentre outros.

Essas práticas avençadas já são uma realidade praticada por diversos condomínios que, com o objetivo de obter maior disponibilidade caixa para planejamento do orçamento, pontualidade nas receitas projetadas, menor dependência da adimplência dos condôminos e terceirização dos processos e gestão das cobranças, dão andamento na operação sem as vezes contingenciar os riscos inerentes de eventual questionamento.

Essas alternativas têm sido inclusive sugeridas por empresas especializadas na administração de condomínios e por síndicos profissionais que exercem a função de orientar e fornecer aos síndicos um conjunto de informações e dados para a tomada de decisão.

Ocorre que, esses serviços pagos às administradoras, algumas destas com portfólio de milhares de condôminos no Brasil, poderiam ser postas em prática pelo próprio condomínio mediante o reconhecimento de sua ampla atuação como pessoa jurídica.

Assim, possibilita-se uma administração profissional para o empreendimento que objetivará o melhor aproveitamento dos recursos da comunidade e a total reversão dos benefícios extraídos de sua operação aos próprios condôminos e usuários do complexo real.

5. Conclusão

Em conclusão, o presente estudo foi conduzido não apenas fundamentado pela lei e a jurisprudência, mas também nos princípios de direito, pois são estes fontes orientadoras e integradoras de partes componentes de um sistema maior.

Buscou-se também vincular a fundamentação e a associação do presente estudo aos princípios da função social da propriedade[41], da autonomia privada[42], da livre iniciativa e da segurança jurídica tão fundamentais para aprofundar o debate do tema e demonstrar que, o fato de uma posição/interpretação ser majoritária e sistematicamente aceita, não resulta na acepção de ser esta a interpretação correta e perene. Assim, também aduz Kelsen[43]:

> (...) a interpretação jurídico-científica tem de evitar com o máximo cuidado, a ficção de que uma norma jurídica apenas permite, sempre e em todos os casos, uma só interpretação: a interpretação 'correcta'. Isto é uma ficção de que se serve a jurisprudência tradicional para consolidar o ideal de segurança jurídica. Em vista da plurissignificação da maioria das normas jurídica, este ideal somente é realizável aproximadamente.

Adotando uma fundamentação voltada à suposta "*amenização de rigores formais*" o Poder Judiciário vem reconhecendo a pos-

41 *"Como se vê, ao acolher o princípio da função social da propriedade, o Constituinte pretendeu imprimir-lhe uma certa significação pública, vale dizer, pretendeu trazer ao Direito Privado algo até então tido por exclusivo do Direito Público: o condicionamento do poder a uma finalidade. Não se trata de extinguir a propriedade privada, mas de vinculá-la a interesses de outros que os exclusivos do proprietário.* (SUNDFELD, Carlos Ari. *Função social da propriedade. In*: DALLARI, Adilson Abreu; FIGUEIREDO, Lúcia Valle (Coord.). *Temas de direito urbanístico 1.* São Paulo: Revista dos Tribunais, 1991. p. 5.

42 REBOUÇAS, Rodrigo Fernandes. Autonomia Privada e a Análise Econômica do Contrato. 1. ed. – São Paulo : Almedina Brasil, 2017. ISBN 978-85-8493-250-4.

43 KELSEN, Hans. *Teoria pura do direito.* 6. ed. Trad. João Baptista Machado. Coimbra: *Arménio Amado*, 1984. p. 472.

sibilidade de o condomínio praticar alguns negócios jurídicos que, em tese, não seriam passíveis de contratação por um ente despersonalizado com atribuição meramente administrativa/organizacional.

Destaca-se, uma vez mais, dois excertos do relevante precedente do Conselho Superior da Magistratura de São Paulo, no qual foi reconhecida, por razoabilidade, pertinência e por gerar, a aptidão de condomínio edilício adquirir imóvel vizinho objetivando ampliar seu estacionamento:

> A solução mais se justifica quando considerada a noticiada imposição estatal e, portanto, o risco de sanção administrativa decorrente do número insuficiente de vagas para estacionamento, **bem como os inconvenientes práticos que certamente adviriam da necessidade de obter o consentimento de todos os condôminos para formalização do negócio jurídico**.

Neste primeiro excerto se verifica que, a justificativa de "amenização de rigores formais" para a autorização dos negócios jurídicos firmados pelo Condomínio embora seja uma visão prática e razoável, não estabelecem de forma clara os elementos autorizadores do reconhecimento da personalidade jurídica do condomínio.

> Em resumo: **desautorizada, pela ordem jurídica, a irrestrita e incondicional atribuição de personalidade jurídica ao condomínio**, contraindicada, também, em função da tutela do patrimônio dos condôminos minoritários é de rigor, em contrapartida, dialogando com a realidade fática, combustível da vitalidade do direito, força viva em perene atualização, temperar a proibição legal[44].

[44] Conselho Superior de Magistratura do Tribunal de Justiça de São Paulo. Apelação Cível em Dúvida nº 0019910-77.2012.8.26.0071. Relator: Desembargador José Renato Nalini. Bauru/SP. J. em 18/04/2013.

Deste segundo excerto acima, do mesmo acórdão, é possível supor existirem condições específicas a serem preenchidas para entender-se por autorizada a atribuição de personalidade, restando aos estudiosos do tema, estruturem quais são esses relevantes elementos.

Nota-se por tudo exposto que, não obstante as diferentes situações, não se pode negar uma crescente valorização e valorização da necessidade/conveniência de ter o condomínio edilício reconhecido como apto a participar de negócios jurídicos.

Em razão disso, o que se verifica é que realidade social tem sido utilizada como fundamentação quando, em verdade, há questão de direito sólida e desafeta a exames de conveniência que poderiam ser utilizadas reconhecer de forma salutar a participação do Condomínio Edilício nessas operações jurídico-econômicas.

Esboça-se como elementos básicos (i) à autorização unânime dos condôminos presentes em assembleia, a depender da matéria por deliberação de maioria simples ou qualificada; (ii) a previsão de que os atos praticados terão efetiva reversão em benefício de todos os condôminos (direta ou indiretamente); (iii) a clareza da busca pelo atendimento da atividade-fim do condomínio e (iv) da comprovação de capaz atuação negocial deste condomínio; e, por fim, (v) a salutar não interferência desmedida no patrimônio dos condôminos minoritários.

Resta então, por enquanto, a aqueles que se arriscarem na empreitada de estruturar um condomínio edilício mais moderno, a tentar buscar este chancelamento pelo Poder Judiciário através da adoção das melhores técnicas e fundamentos jurídicos a tornarem capazes a ressignificação dos conceitos.

Pois, conforme se tem visto em boa parte dos países[45], a alteração legislativa ocorreu após a jurisprudência e a dou-

[45] França, Argentina, Colômbia anteriormente referenciadas na doutrina de J. Nascimento Franco, 2005.

trina se estabilizarem quanto a todos os benefícios advindos do reconhecimento da personalidade jurídica ao condomínio especial.

Alternativamente, poderiam utilizar-se de métodos alternativos para atingir o mesmo fim, tais como a celebração de negócios diretamente por condôminos ou a criação de "associação de condôminos", espelhadas em sua composição ao Condomínio Edilício, como expõe Everaldo Cambler[46]:

> Não obstante as razões acima mencionadas, temos observado, de maneira pragmática, que os Cartórios de Registro de Imóveis continuam avessos ao registro de imóveis em nome do condomínio. A solução, que nos tem sido proposta, é a formação de uma entidade jurídica, normalmente uma associação de moradores, criada com a finalidade única de realizar o ato registrário.

No entanto, embora seja uma opção pragmática, entendemos que desviar-se do enfrentamento da questão através de caminhos alternativos como a criação de associações-espelho, não é a forma ideal de solucionar os problemas.

Além disso, a associação não vincula aos condôminos e não os obriga a manter-se associados, podendo inclusive estes virem a impugnar sua participação na divisão das despesas, por este motivo.

Ainda a este respeito, embora não seja o principal escodo do presente estudo, é importante apenas apontar recente alteração legal trazida pela Lei Federal nº 13.465, de 2017, consubstanciada no artigo 36-A que assim dispõe:

> Art. 36-A. As atividades desenvolvidas pelas associações de proprietários de imóveis, titulares de direitos ou moradores em

[46] Cambler, Everaldo Augusto. Incorporação Imobiliária. p. 108. São Paulo : Editora Revista dos Tribunais, 1993. ISBN 85.203.1031-1.

loteamentos ou empreendimentos assemelhados, desde que não tenham fins lucrativos, bem como pelas entidades civis organizadas em função da solidariedade de interesses coletivos desse público com o objetivo de administração, conservação, manutenção, disciplina de utilização e convivência, visando à valorização dos imóveis que compõem o empreendimento, tendo em vista a sua natureza jurídica, vinculam-se, por critérios de afinidade, similitude e conexão, à atividade de administração de imóveis.

Parágrafo único. A administração de imóveis na forma do caput deste artigo sujeita seus titulares à normatização e à disciplina constantes de seus atos constitutivos, cotizando-se na forma desses atos para suportar a consecução dos seus objetivos.

Aparentemente buscou-se equipar a cobrança efetuada pelas associações às efetuadas pelos condomínios especiais, no entanto, a alteração legal é frágil e insuscetível de convalidação pelo judiciária.

Isso reforça uma vez mais, a necessidade de não nos desvencilharmos de enfrentar a questão em seu cerne, qual seja a necessidade de se reconhecer a personalidade jurídica do condomínio e sua regular participação em negócios jurídicos.

Assim, por todos os elementos expostos no presente estudo, entende-se que se opera atualmente um momento ideal para se fomentar as discussões necessárias para ressignificação do instituto do condomínio especial.

Cabendo aos partícipes deste mercado buscar obter o reconhecimento da validade de negócios jurídicos executados pelo Condomínio Edilício, como complexo administrativo condominial, seja reconhecendo-se expressamente uma personalidade jurídica efetiva ou uma personificação anômala através das ações judiciais e processos administrativos (pedidos de providências ou suscitação de dúvida.

Arremata J. Nascimento Franco[47]:

> Entre nós insiste-se em negar personalidade jurídica ao condomínio, razão pela qual à jurisprudência cabe avançar um pouco mais alargando o caminho aberto por algumas decisões pioneiras, que enfrentaram o problema admitindo no condomínio capacidade processual, o que, todavia, é ainda pouco.

Ou então, através de criteriosa atuação junto às frentes do Congresso Nacional buscar uma revisão legislativa bem orientada, com o apoio das entidades de classe representativas da construção civil e dos condomínios especiais.

Embora sejam úteis para fomentar as mudanças pretendidas, busca-se demonstrar que os reconhecimentos/autorizações concedidas pelo judiciário, na maioria das vezes, fundamentados na conveniência de atender à realidade casuística, não são suficientes para garantir a devida segurança jurídica.

Sendo, portanto, necessário demonstrar a higidez do direito como regra e não como exceção confrontando o paradoxo da titularidade de direitos reais e da possibilidade de efetivação de negócios por um ente despersonalizado como aduzem ser o condomínio edilício[48] dado o silêncio da lei.

Ainda, verificar-se-á como o reconhecimento da personalidade jurídica pode resolver pendências e situações originalmente tidas por insolucionáveis, bem como, reavaliar a racionalidade da prática adotada pelo mercado de constituir "associações de condôminos" espelhadas ao Condomínio Especial como subterfúgio ao enfrentamento direto da questão.

[47] FRANCO, J. Nascimento. **Condomínio.** 2005, pg. 326, loc. cit.

[48] FRONTINI, Ana Paula. Titularidade de Direitos Imobiliários por entes despersonalizados: paradoxo no ordenamento jurídico pátrio. Revista de Direito de Imobiliário. vol. 83. ano 40. p.33-47. São Paulo: Ed. RT, jul.-dez.2017.

Referências

BARBARESCO, Marcelo. *Compropriedade e sociedade: estrutura, segurança e limites da autonomia privada.* 1. ed. – São Paulo: Almedina Brasil, 2017. ISBN 978-85-8493-251-1.

CAMBLER, Everaldo Augusto. ***Incorporação Imobiliária***. São Paulo: Editora Revista dos Tribunais, 1993. ISBN 85.203.1031-1.

FAZANO, Haroldo Guilherme Vieira. *Hermenêutica e aplicação da convenção de condomínio (propriedade horizontal)*. 1229 f. Tese (Doutorado em Direito) – Pontifícia Universidade Católica de São Paulo, São Paulo, 2007. Disponível em: https://tede2.pucsp.br/handle/handle/7694. Acesso em: 22 mai. 2017.

FRANCO, J. Nascimento. *Condomínio* – 5. ed. ver., atual. e ampl. – São Paulo: Editora Revista dos Tribunais, 2005. ISBN 85-203-2665-X.

FRONTINI, Ana Paula. *Titularidade de Direitos Imobiliários por entes despersonalizados: paradoxo no ordenamento jurídico pátrio*. Revista de Direito de Imobiliário. vol. 83. ano 40. p.33-47. São Paulo: Ed. RT, jul.-dez.2017.

GREEN BUILDING COUNCIL BRASIL. *Certificado Leed*. Disponível em: <http://www.gbcbrasil.org.br/sobre-certificado.php>. Acessado em: 24 mai. 2018.

INTERNATIONAL WELL Building Institute. *Well Building Certification*. Disponível em: <https://www.wellcertified.com/>. Acessado em: 24 mai. 2018.

KOLLET, Ricardo Guimarães. *Propriedade Horizontal e Condomínio Edilício: Em busca de uma identidade jurídica*. Revista de Direito Imobiliário: RDI, v. 29, n. 60, p. 92-112, jan/jun. 2006.

LOUREIRO, Francisco Eduardo. Direito das Coisas – art. 1331 a 1358. *Código Civil comentado: doutrina e jurisprudência: Lei nº 10.406, de 10.01.2002/* coordenador Cezar Peluso. – 10. ed. rev., atual. – Barueri, SP: Manole, 2016. ISBN 978-85-204-4697-3.

NERY JUNIOR, Nelson; NERY, Rosa Maria de Andrade. *Código Civil comentado e legislação extravagante*: atualizado até 15 de junho de 2005. São Paulo: RT, 2005.

MALUF, Carlos Alberto Dabus. Márcio Antero Motta Ramos Marques. *O Condomínio Edilício no novo Código Civil.* 2. ed. rev. e atual. – São Paulo: Saraiva, 2005. ISBN 85-02-05010-9.

MALUF, Carlos Alberto Dabus. (Capítulo 13: Condomínio Edilício). *Direito Imobiliário Atual* / Daniel Aureo de Castro (coord.) – Rio de Janeiro: Elsevier, 2013. ISBN 978-85-352-6434-0.

PEREIRA, Caio Mário da Silva. *Condomínio e Incorporações*: 4. ed. atualizada segundo a legislação vigente – Rio de Janeiro: Forense, 1981.

PEREIRA, Caio Mário da Silva. *Instituições de Direito Civil. Volume IV. Direitos Reais.* – 21. ed. – Rio de Janeiro: Forense, 2012. ISBN 978-85-309-3462-0.

REBOUÇAS, Rodrigo Fernandes. *Autonomia Privada e a Análise Econômica do Contrato.* 1. ed. – São Paulo: Almedina Brasil, 2017. ISBN 978-85-8493-250-4.

RIZZARDO, Arnaldo. *Direito das Coisas.* 8. ed. rev., atual. e ampl. – Rio de Janeiro: Forense, 2016. ISBN 978-85-309-6800-7.

RODRIGUES, Marcelo Guimarães. *Personalidade Jurídica do Condomínio Edilício.* Migalhas, 2010. Disponível em: http://www.migalhas.com.br/dePeso/16,MI101933,61044-Personalidade+Juridica+do+Condominio+Edilicio. Acesso em 26 mar. 2018.

SANTOS, Flauzilino Araújo dos. *Condomínios e Incorporações no registro de imóveis.* 01. ed. – São Paulo: Mirante, 2012. ISBN 978-85-65011-006.

VENOSA, Sílvio de Salvo. *Direito civil: direitos reais.* /– 12.ed – São Paulo: Atlas, 2012. -Coleção de direito civil; v.5). ISBN 978-85-224-6916-1.

VIANA, Marco Aurélio. *Comentários ao Novo Código Civil – Volume XVI.* Rio de Janeiro: Forense, 2003.

Referências Complementares

AVVAD, Pedro Elias. *Direito Imobiliário: teoria geral e negócios imobiliários.* 3. ed., rev. e ampl. Rio de Janeiro: Forense, 2012. ISBN 978-858-309-4108-6.

BANDEIRA DE MELLO, Celso Antônio de. *Elementos de Direito administrativo.* São Paulo: RT, 1980.

BARBARESCO, Marcelo. *O Condomínio Edilício e o Negócio Jurídico Processual.* Boletim Jurídico da AGADIE. P. 8-9, Ed. Julho, Agosto, Setembro de 2017, Ano XXV. Disponível em: <http://www.agadie.com.br/new/visualiza_artigo.php?id=17>. Acesso em: 28 mai. 2018

BOAS, Bruno Villas. CONCEIÇÃO. Ana. Déficit de moradias no país já chega a 7,7 milhões. *Valor Econômico.* São Paulo e Rio de Janeiro, 03 mai. 2018. Disponível em: <http://www.valor.com.br/brasil/5498629/deficit-de--moradias-no-pais-ja-chega-77-milhoes>. Acesso em 24/06/2018.

CHALHUB, Melhim Namem. *Da Incorporação Imobiliária.* 2.ed. revista e atualizada. Rio de Janeiro: Renovar, 2005. ISBN 85-7147-500-8.

FAZANO, Haroldo Guilherme Vieira. *Da propriedade horizontal e vertical: condomínio, loteamento fechado, time sharing, direito real de habotação periódica, shopping center, clube de cambo, cemitério privado e condomínio de fato.* Campinas: CS Ed., 2003. ISBN 85-89045-05-6.

FILHO, Rubens Carmo Elias. *Responsabilidade civil no ambiente condominial. Revista Opinião Jurídica – Direito Imobiliário*. Universidade Secovi-SP e Programa de Qualificação Essencial do Sindicato da Habitação de São Paulo. 3. ed., p. 77-82., 2016. Disponível em: http://www.secovine.com.br/files/Downloads/opiniao-juridica-3pdf.pdf. Acesso em: 22 mai. 2017.

FILHO, Rubens Carmo Elias. *A convenção de condomínio e as restrições aos direitos dos condôminos dela decorrentes*. 261 f. Tese (Doutorado em Direito) – Pontifícia Universidade Católica de São Paulo, São Paulo, 2012. Disponível em: https://tede2.pucsp.br/handle/handle/6003. Acesso em: 22 mai. 2017.

IBGE. *Taxa de Urbanização – Censo demográfico 1940-2010*. Até 1970 dados extraídos de: Estatísticas do século XX. Rio de Janeiro: IBGE, 2007 no Anuário Estatístico do Brasil, 1981, vol. 42, 1979. Disponível em: <https://seriesestatisticas.ibge.gov.br/series.aspx?vcodigo=POP122>. Acesso em 24/06/2018.

JIMERSON & COBB, P.A. Artigo publicado em LORMAN. *Florida Condo laws: Condominium Association Defined*. Disponível em: <http://www.lorman.com/resources/florida-condo-laws-condominium-association-defined-16230>.

MEIRELLES, Hely Lopes Meirelles. *Direito de Construir*. 10. ed. – São Paulo : Malheiros, 2011. ISBN 978-85-3292-0059-7.

MELLO, Fernanda Pereira Lisboa. (Setembro, 15-17/2010) *A estruturação jurídica dos empreendimentos imobiliários: mixed use, os mega-condomínios e condomínios-clube*. Disponível em: http://lares.org.br/Anais2010/images/417-508-1-RV.pdf. Acesso em: 22 mai. 2017.

PAIVA, João Pedro Lamana. *Adjudicação pelo Condomínio Edilício: possibilidade e registro da carta*. Revista de Direito de Imobiliário. vol. 65. ano 31. p.291-298. São Paulo: Ed. RT, jul.-dez.2008.

RABAY, Arthur. (2013) *Dos efeitos dos contratos perante terceiros*. Revista da AGU – Advocacia Geral da União. Ano XII – Número 38 – Brasília-DF, out./dez. 2013. ISSN 1981-2035. Disponível em: www.agu.gov.br/page/download/index/id/21774748. Acesso em: 22 mai. 2017.

SUNDFELD, Carlos Ari. *Função social da propriedade*. In: DALLARI, Adilson Abreu;

FIGUEIREDO, Lúcia Valle (Coord.). *Temas de direito urbanístico* 1. São Paulo: Revista dos Tribunais, 1991. p. 5.

Legislação e Outras Normativas e Orientações

BRASIL. *Constituição da República Federativa do Brasil.* Disponível em: <http://www.planalto.gov.br/ccivil_03/constituicao/constituicaocompilado.htm>. Acesso em: 10 de junho de 2018.

BRASIL. *Código Civil.* Disponível em: <http://www.planalto.gov.br/ccivil_03/Leis/2002/l10406.htm>. Acesso em: 10 de junho de 2018.

BRASIL. *Lei da Incorporação Imobiliária.* Disponível em: <http://www.planalto.gov.br/ccivil_03/Leis/L4591.htm>. Acesso em: 10 de junho de 2018.

BRASIL. *Lei da Regularização Fundiária.* Disponível em: <http://www.planalto.gov.br/ccivil_03/_ato2015-2018/2017/lei/l13465.htm>. Acesso em: 10 de junho de 2018.

BRASIL. *Lei de Introdução às normas do Direito Brasileiro.* Disponível em: <http://www.planalto.gov.br/ccivil_03/decreto-lei/Del4657compilado.htm>. Acesso em: 10 de junho de 2018.

CONSELHO DA JUSTIÇA FEDERAL. *Enunciados da I Jornada de Direito Processual Civil.* Disponível em: <http://www.cjf.jus.br/enunciados/enunciado/1021>. Acesso em 24 jun. 2018.

CONSELHO DA JUSTIÇA FEDERAL. *Enunciados da I Jornada de Direito Civil.* Disponível em: <http://www.cjf.jus.br/enunciados/enunciado/718>. Acesso em 24 jun. 2018.

CONSELHO DA JUSTIÇA FEDERAL. *Enunciados da III Jornada de Direito Civil.* Disponível em: <http://www.cjf.jus.br/enunciados/enunciado/478>. Acesso em 24 jun. 2018.

CONSELHO DA JUSTIÇA FEDERAL. *Enunciados da VII Jornada de Direito Civil.* Disponível em: <http://www.cjf.jus.br/enunciados/enunciado/854>. Acesso em 24 jun. 2018.

CORREGEDORIA GERAL DA JUSTIÇA DO ESTADO DE SÃO PAULO. *Tomo II das Normas de Serviço da Corregedoria Geral da Justiça do Estado de São Paulo.* Disponível em: <https://api.tjsp.jus.br/Handlers/Handler/FileFetch.ashx?codigo=97552>. Acesso em: 10 de junho de 2018.

RECEITA FEERAL DO BRASIL. *Instrução Normativa RFB nº 1634, de 06 de maio de 2016.* Disponível em: <http://normas.receita.fazenda.gov.br/sijut2consulta/link.action?idAto=73658>. Acesso em: 10 de junho de 2018.

Jurisprudência Referenciada

BRASIL. Superior Tribunal de Justiça. Possibilidade do Condomínio sofrer dano moral. *Agravo Regimental do Recurso Especial nº 189.780/SP.* Relatora: Ministra Assusete Magalhães. Brasília. J. em 09/09/2014. Disponível em:

<https://ww2.stj.jus.br/processo/revista/documento/mediado/?componente=ITA&sequencial=1347788&num_registro=201201212433&data=20140916&formato=HTML>. Acesso em 26 mar. 2018.

BRASIL. Tribunal de Justiça do Rio Grande do Sul. Aquisição de imóvel por doação pelo Condomínio Edilício. *Apelação Cível Nº CNJ 0173014-59.2016.8.21.7000.* Relator: Desembargador Giovanni Conti. Porto Alegre/RS. J. em 30/06/2016. Disponível em: <http://www.tjrs.jus.br/site_php/consulta/download/exibe_documento.php?numero_processo=70069628204&ano=2016&codigo=1090214>. Acesso em 26 mar. 2018.

BRASIL. Tribunal de Justiça de Minas Gerais. Aquisição de imóvel por doação pelo Condomínio Edilício. *Apelação Cível em Dúvida nº 1.0188.13.006872-2/001.* Relator: Desembargador Marcelo Rodrigues. Nova Lima/MG. J. em 24/11/2015. Disponível em: < http://irib.org.br/be/app/webroot/files/editor/files/4518.pdf>. Acesso em 26 mar. 2018.

BRASIL. Conselho Superior de Magistratura do Tribunal de Justiça de São Paulo. Aquisição de imóvel vizinho pelo Condomínio Edilício para ampliação do estacionamento. *Apelação Cível em Dúvida nº 0019910-77.2012.8.26.0071.* Relator: Desembargador José Renato Nalini. Bauru/SP. J. em 18/04/2013. Disponível em:< http://www.irib.org.br/boletim/2013/junho/downloads/4270-juris.pdf>. Acesso em 26 mar. 2018.

SOBRE OS AUTORES

Caroline Alves Henrique Bender Rodrigues

Bacharel em Direito pela Pontifícia Universidade Católica de São Paulo – PUC/SP e pós-graduada em Direito dos Contratos pelo Insper. Atua como Diretora Executiva e Jurídica em empresa especializada no setor elétrico.

Livya Knoll

Graduada em Direito pela Universidade Presbiteriana Mackenzie (2013), com pós-graduação em Direito dos Contratos pelo Insper. Atua como advogada contratualista no setor bancário.

Filipe Alvarenga Maroni

Graduado pela PUC – São Paulo e pós-graduado em Direito dos Contratos pelo Insper no ano de 2018. Atuou nas áreas de direito societário e contencioso cível e mercado financeiro.

Léa Cristina Kocska

Advogada. Graduada em Direito pela Faculdade de Direito de São Bernardo do Campo, com especialização em Direito Processual Civil pela PUC/SP e em Contratos pelo Insper. Atuando nas áreas contenciosa, consultiva e regulatória empresarial, com foco no agronegócio.

Rámilton Henrique Sawaya Sacamoto

Formado pela Faculdade de Direito da Pontifícia Universidade Católica de São Paulo – PUC/SP e especializado em Direito Contratual pelo INSPER. Advogado com foco na assessoria jurídica em Direito Imobiliário e Contratual.

ÍNDICE